中国有色金属工业协会专家委员会组织编写

有色金属系列丛书

中国钨业

北 京
冶 金 工 业 出 版 社
2012

内容提要

本书共分十二篇，内容包括钨的发现发展简史、性质与用途、资源储量、勘查理论与技术、采矿技术与装备、选矿技术与装备、冶炼技术与装备、加工技术与装备、资源综合利用与循环经济技术工艺、国内外产能产量、进出口贸易和消费以及有关法律法规和产业政策。本书尽可能多地搜集了国内外相关技术工艺资料，力争全面反映钨工业发展现状。

本书内容力求简明扼要、深入浅出，可作为关注、从事钨行业的社会各界人士的阅读参考用书。

图书在版编目(CIP)数据

中国钨业/中国有色金属工业协会主编. —北京:冶金工业出版社，2012.8

(有色金属系列丛书)

ISBN 978-7-5024-6041-9

Ⅰ.①中…　Ⅱ.①中…　Ⅲ.①钨—有色金属冶金—冶金工业—中国　Ⅳ.①F426.32

中国版本图书馆 CIP 数据核字(2012)第 182868 号

出 版 人　曹胜利
地　　址　北京北河沿大街嵩祝院北巷 39 号，邮编 100009
电　　话　(010)64027926　电子信箱　yjcbs@cnmip.com.cn
责任编辑　李　臻　美术编辑　李　新　版式设计　孙跃红
责任校对　李　娜　责任印制　李玉山
ISBN 978-7-5024-6041-9
三河市双峰印刷装订有限公司印刷;冶金工业出版社出版发行;各地新华书店经销
2012 年 8 月第 1 版，2012 年 8 月第 1 次印刷
148mm×210mm；5.75 印张；112 千字；165 页
22.00 元

冶金工业出版社投稿电话:(010)64027932　投稿信箱:tougao@cnmip.com.cn
冶金工业出版社发行部　电话:(010)64044283　传真:(010)64027893
冶金书店　地址:北京东四西大街 46 号(100010)　电话:(010)65289081(兼传真)
(本书如有印装质量问题，本社发行部负责退换)

《有色金属系列丛书》
编辑委员会

《中国钨业》编辑委员会

序

为适应有色金属工业发展的需要，普及和提高有色金属知识，提升全国有色金属战线广大干部职工的思想业务素质，促进我国从有色金属生产大国向有色金属工业强国的转变，中国有色金属工业协会组织编写了《中国铜业》等有色金属系列丛书21本。《丛书》集中了全行业的智慧和力量，融知识性、实用性为一体，汇集了当今中国乃至世界有色金属领域的最新知识和信息，深入浅出，通俗易懂，是社会各界学习和提高有色金属知识的好教材和实用工具书。

有色金属是经济社会发展必不可少的基础材料和重要战略物资。有色金属作为功能材料和结构材料而广泛应用于人类生活的各个领域，成为当今高新技术发展和国防军工的重要支撑。目前，有色金属的生产和消费水平已经成为衡量一个国家社会进步的重要标志。

中国是生产有色金属品种最全的国家，门捷列夫化学元素周期表中的64种有色金属都能生产。中国是世界生产和消费有色金属最多的国家，到2011年十种有色金属产量已达3438万吨（快报数），连续10年位居世界第一，年消费有色金属已达3580万吨以上，连续9年位居世界第一。目前全国已有有色金属企业、事业单位3万多家，就业人员360多万。

有色金属涵盖的金属品种多。在元素周期表中，除了黑色金属铁、锰、铬，锕系和超锕系放射性金属外，余下64种金属都为有色金属。有色金属成矿条件复杂，矿床类型多样，矿体形态变化大，元素组合多样，勘探难度大，而且需要综合勘探、综合评价。有色金属结构复杂，多种矿物相嵌共伴生关系密切，选矿和冶炼的技术、装备复杂，工艺流程长。有色金属应用领域广，用途千差万别，材料的研制和加工复杂。有色金属元素在原矿中含量低，富集比都在几十、几百、几千甚至几万以上，导致在采矿、选矿和冶炼过程中固体废物多，节能环保压力大，工艺技术复杂。综合上述不难看出，有色金属产业是固体矿产资源开发利用领域最复杂的产业，有色金属知识领域宽广、博大精深。

建设现代化的有色金属工业强国是全行业360多万职工为之奋斗的目标。我相信，《丛书》的出版发行，对增进全社会对有色金属工业的了解，推动全行业广大干部职工学习和掌握有色金属知识必将发挥积极重要的作用。让我们行动起来，为促进我国有色金属工业的持续、稳定发展，为实现有色金属工业发展的既定目标而奋勇前进。

中国有色金属工业协会会长 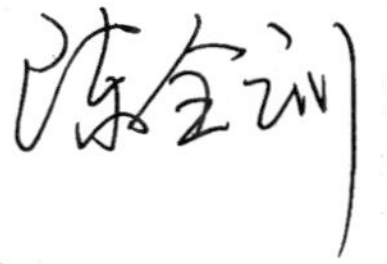

2012年8月于北京

前　言

钨是一种稀有高熔点金属，在地壳中的丰度只有$1.3\times10^{-4}\%$，具有高熔点、高密度、高硬度、高耐磨性、高电导率和热导率、高电子发射系数、高压缩模量和弹性模量、低线膨胀系数、抗高温蠕变以及抗磁、耐腐蚀等一系列优良独特的物理、力学性能和化学稳定性能，其制品钨钢、硬质合金、钨基合金、钨材和钨化合物被广泛应用于冶金、航空、航天、船舶、核能、机械、电子、汽车、石化和军工等制造领域中，被誉为“工业牙齿”，成为现代社会大生产中不可或缺的重要功能性结构材料。由于钨资源在全球的稀少性，在工业应用领域中的难以替代性和在国民经济、国防建设、高新产业中的日益重要性，其战略地位十分突出。

中国钨工业的发展已经走过了100余年历史，新中国成立以来，特别是改革开放30余年来的技术进步和换代升级，已经形成了从勘查设计、生产经营、科学研究到进出口贸易完整的钨工业体系，中国已发展成为资源储量、产品产量、出口贸易量和消费量均居世界第一的国家。我国的钨冶炼产品和工艺技术已达到国际领先水平，在全球钨产业经济中处于重要地位。

本书是一本有关技术专业、贸易需求以及产业政策的书籍，是应社会各界人士的要求，同时也是为了适应中国钨工业的发展而编写的。其内容力求做到涵盖面广，语言通俗易懂，便于业内人士全面了解和掌握有关钨产业的发展。

在本书的编辑过程中，得到了柿竹园有色金属有限责任公司、中南大学、株洲硬质合金集团有限公司、厦门钨业股份有限公司等单位以及众多业界专业人士的大力支持和帮助，在此一并致以谢意。

由于深入实际调查研究不够，编辑水平所限，搜集和掌握的生产实践和科学研究方面的资料不够全面，因此，本书存在的缺陷和不足敬请广大读者批评斧正。

编 者

2012年6月

目　录

第一篇

钨的发现发展简史

钨是1781年由瑞典化学家舍勒（C. W. Scheele）发现的，但之后百余年来并未在国民经济中得到应用，而仅仅在实验室取得某些进展。一直到19世纪末20世纪初，钢铁工业才开始以钨作为合金元素生产高速钢，在照明领域中采用钨丝制作的白炽灯泡得到应用，继而在1927～1928年成功研制出碳化钨基烧结硬质合金，从而推动了钨工业的诞生和发展。

中国钨工业的发展已经走过了100余年历史，经历了发现和起步、创业和崛起、攻关和开发、改革和升级四个发展阶段。

第一章　发现和起步阶段

发现和起步阶段是指1907～1948年。中国钨矿于1907年被首次发现。据历史记载考证，当时供职于福音堂的德籍传教士邬利亨在江西西华山发现了不少暴露在地表的黑色石头，因质量较大，不知为何物，遂将此石携至国外化验，方知为钨。自此开始在少数矿区建立矿场，形成中国早期的钨矿产业。

中国钨矿形成较大开发规模始于1914年爆发的第一次世界大战，因为军工生产所需，南方诸省兴起了大规模采钨高潮，到1918年，钨精矿产量已接近1万吨，占世界总产量的33%，开始跃居世界第一位。在此期间，又陆续发现了湖南瑶岗仙，江西大吉山、盘古山、下垄、漂塘、荡坪，广东石人嶂等一大批大中型矿床。

1949年以前，钨的经济命脉始终掌控在国家官僚资本和封建把头手里。为了战争的需要和攫取最大利润，矿山开采多采用铁锤钢钎凿岩、乌硝（土火药）爆破、人扛肩挑、油灯照明、手工筛洗等极其落后的手工方式进行作业。直到1936年后，才有极少部分矿山使用机械设备进行采选。

据统计，从1914年到1948年，除个别年份外，中国钨精矿产量始终占据世界第一位，期间共生产钨精矿21.86万吨，基本上用于出口，其中1937年产量为1.65万吨，占世界总产量的46%，是旧中国时期产量最高的一年（见表1-1）。

表1-1　1914~1948年中国钨精矿产量

年份	中国产量/t	世界产量/t	占比(折合65% WO_3)/%	年份	中国产量/t	世界产量/t	占比(折合65% WO_3)/%
1914年	17	6862	0.25	1917年	1230	23900	5.15
1915年	32	10039	0.32	1918年	9754	29557	33.0
1916年	101	19370	0.52	1919年	2452	13622	18.0

续表 1-1

年份	中国产量/t	世界产量/t	占比（折合 65% WO_3）/%	年份	中国产量/t	世界产量/t	占比（折合 65% WO_3）/%
1920 年	4362	10620	41.07	1935 年	7389	20749	35.61
1921 年	2455	4468	54.95	1936 年	7057	22975	30.72
1922 年	3578	5748	62.25	1937 年	16533	35902	46.05
1923 年	4207	6424	65.49	1938 年	12368	34536	35.81
1924 年	3139	5690	55.17	1939 年	11892	39086	30.43
1925 年	6198	9459	65.52	1940 年	9369	40275	23.26
1926 年	7381	11300	65.32	1941 年	12508	46458	26.92
1927 年	5235	8576	61.04	1942 年	11976	46887	25.54
1928 年	7653	10761	71.12	1943 年	8531	55501	15.37
1929 年	9219	14608	63.11	1944 年	3235	45474	7.11
1930 年	8735	15385	56.78	1945 年	2706	21067	12.84
1931 年	6922	12366	55.98	1946 年	2486	17440	14.25
1932 年	2078	6283	33.07	1947 年	6375	24524	25.99
1933 年	5543	11487	48.25	1948 年	11272	31080	36.27
1934 年	4628	15195	30.46	合计	218616	733674	29.78

第二章　创业和崛起阶段

创业和崛起阶段是指 1949 ~ 1980 年。1949 年新中国成立后，人民政府全面接管了各地钨矿业，组建了全国性管理机构，使生产迅速得到恢复，一批机械化程度较高的矿山和冶炼加工企业陆续建成投产，为中国全面提升钨业实力打下一个良好的发展基础。

三年经济恢复和社会主义经济建设初期，在江西、湖南、广东等省相继成立了钨矿地质机构，开始对一批钨矿床进行全面系统的地质勘查工作。到20世纪50年代末期，这些机构共提交了20余份地质评价报告，探明了大量有工业价值的地质储量，为建设一批钨采选企业创造了坚实的发展条件。20世纪60年代后，表露矿床评价勘查工作基本结束，地质工作开始转入对隐伏、半隐伏矿床的找矿评价，工作范围由矿区勘探扩展到大面积普查找矿。经过多年努力，在全国范围内发现了不少新的矿床类型和一批新的大中型钨矿床，探明了大吉山、漂塘、铁山垅、行洛坑、下桐岭、珊瑚、盘古山、瑶岗仙、西华山、下垄十大黑钨矿床和柿竹园、三道庄、杨林坳、香炉山、卡房、新田岭、弓棚子、砖头坳八大白钨矿床。

矿山机械化使原始落后的钨矿开采状况得到了改善。1950年，首先在大吉山钨矿恢复了风钻凿岩，并推广“浅孔留矿采矿法”，同时在1952年建成投产了全国第一座机械化选矿厂。从1955年起，各钨矿开始在井下推广湿式风钻凿岩和机械通风，并逐步全面实现采选机械化生产。第一个五年计划期间，大吉山、西华山、岿美山被列为原苏联援建的156项重点工程。随后，在全国又相继建设了数十座机械化采选矿山，形成了世界上最大的钨矿生产基地。

新中国成立前，中国钨工业除了生产矿产品外，冶炼加工基本上属于空白。新中国成立初期，大连钢厂（原大连大华电气冶金厂）首先试制成功了30kg钨钴硬质合金，开创了中国硬质合金生产历史的先河，随后由于军工生产和工业建设的迫切需要，又建设了上海灯泡厂、大冶钢厂、北方工具厂和长江电工厂等一批硬质合金生产车间（分厂），拉开了中国硬质合金工业发展的序幕。1954 年开始筹建，于 1958 年建成的原苏联援建的 156 项重点工程之一的中国第一个大型钨矿综合型生产企业——株洲硬质合金厂，其硬质合金生产能力达到了 500t 水平，标志着中国钨工业进入全面创业和崛起的新阶段。此后，又有一批以自贡硬质合金厂、南昌硬质合金厂为代表的硬质合金生产企业，以北京特殊钢厂、上钢五厂为代表的钨特钢生产企业，以吉林铁合金厂为代表的钨铁合金生产企业，以北京电子管厂、成都东方电子材料总厂（745 厂）为代表的电真空和电光源用钨材生产企业，以及其他生产钨基触头、钨电极和高密度合金等的数十座企业相继建成投产。

新中国成立后，经过 30 多年的艰苦创业，中国钨工业从无到有，从小到大，由弱到强，不断奋进崛起，形成了地勘—设计—采选—冶炼—加工—科研—教学开发比较完整的工业体系，生产的产品基本上满足了国民经济建设和国防军工建设的需要，为国家做出了重大贡献。

第三章 攻关和开发阶段

攻关和开发阶段是指 1981～2000 年。1978 年，全国科技大会的召开使中国科学迎来了春天，“科技是第一生产力”的号召为中国经济建设注入了朝气蓬勃的生命力。1981年和1983年，时任国务院副总理的方毅分别在江西西华山和湖南株洲市主持召开了全国第一次、第二次钨业科技大会，并为会议题词：“振兴钨业”和“勇攀高峰”，号召中国钨业界向“开发应用和深加工领域发展”进军。

全国钨业科技大会的召开，极大地调动了广大科技人员的积极性，在钨业领域掀起了科技攻关的高潮。企业、科研院所、高等院校自主开发、联合攻关，涌现出一批如“萃取”、“离子交换”、“净化提纯”等赶超世界先进水平的钨冶炼工艺。

在改革开放政策指引下，中国硬质合金工业进入发展的新阶段。为赶超世界先进水平，缩短与先进国家发展的差距，有12家企业相继从瑞典、美国、日本、德国、瑞士等国引进了先进的生产技术和成套设备，建立了不同规模的深加工生产线，提高了中国硬质合金工业工艺装备水平和产品质量档次，初步形成了现代化生产发展雏形，部分产品质量和工艺技术达到或接近国际先进水平，成为世界硬质合金生产大国。

中国硬质合金工业在引进先进技术和设备的同时，有关企业还积极开展了消化吸收再开发的技术攻关，先后研制成功了国产化的氢气净化装置、14管氢还原炉、中频碳化炉、可倾式湿磨机、喷雾干燥塔、机械手双向加压自动压力机、气压烧结炉、真空烧结炉等不亚于国外水平的先进设备，使中国硬质合金工业的装备水平得到大幅提升。

改革开放政策也给中国钨材加工提供了良好的发展条件。部分企业先后引进日本、英国8条钨丝生产线，设备220台（套），增加钨丝产量15亿米；引进高密度合金生产线，生产能力翻了两番。与此同时，通过对进口设备的消化吸收，自主开发了双螺旋混粉技术装备、注射成型和挤压成型技术、低温烧结+液相烧结两步烧结技术等，使中国钨材加工水平整体得到提高，缩短了与发达国家的差距，部分产品开始进入国际市场。

攻关和开发阶段的20年，是中国钨工业取得长足进步的20年。其显著特点是：一是形成了工艺和装备先进的钨冶炼体系，并处于世界领先水平；二是硬质合金和钨材加工等工艺技术和装备水平大幅提升，部分产品的质量和档次达到或超过国际水平；三是产品结构优化，品种规格增多，不仅能满足国内需要，减少对国外产品的依赖，而且部分加工产品可用于出口。

第四章 改革和升级阶段

改革和升级阶段是从2001年至今。进入21世纪后，中国钨工业的发展开始了新的跨越。企业联合重组和资源整合加快，民营企业发展迅速。与此同时，企业不断进行技术更新和改造，不断强化科研开发和自主创新，不断采用新技术、新设备开发新产品，使中国钨工业呈现出总量增大、效益提高、结构优化、产业升级的崭新局面。

株洲硬质合金集团有限公司的产品进一步向高精尖方向发展，钨板材轧制、型材、混合料、模具、球齿、高性能精密硬质合金可转位刀片及配套刀具生产线、精密陶瓷生产线均改造成功；深圳金洲精工科技股份有限公司是国内最大的印刷电路板（PCB）微型钻头研发生产基地，其产能产量进入全球前三强；厦门金鹭特种合金有限公司研发掌握了高难度的在硬质合金表面沉积金刚石涂层的工艺，生产出高精密刀具；厦门虹鹭钨钼工业有限公司是全球最大的钨丝生产企业。长期以来，国内汽车厂多采用进口刀具，成本居高不下，随着以株洲钻石切削刀具股份有限公司为代表的一批刀具公司的迅速发展，国产刀具在价格、服务方面的优势开始显现，在国内刀具市场的份额不断增长。

江西稀有金属控股集团有限公司的钨产品不断优化升级，已形成钨冶炼加工产品产业链，产品结构向高端方向发展；崇义章源钨业股份有限公司等民营企业在硬质合金、高密度合金、异形硬质合金、硬面材料、超细钨粉、纳米钨粉等方面的工艺生产技术也取得很大进步。

在产业政策引导下，株洲硬质合金集团有限公司和厦门钨业股份有限公司建立了国家级钨的科技创新研发中心，极大提高了中国钨业科技自主创新能力。厦门钨业股份有限公司的“高效、高精度加工用硬质合金刀具关键技术和设备的开发”项目获得了国家科技部的支持，该项目将打破制约国内精密刀具质量水平的关键技术瓶颈；湖南有色金属控股集团有限公司的“钨产业链关键技术开发及产业化”项目入选湖南省第二批重大科技专项，该项目针对钨资源的高效利用、钨的精加工关键技术开展重点攻关，将提高钨加工企业产品附加值和延伸产品开发水平；经国家商务部、科技部批准设立的赣州钨、稀土新材料科技兴贸出口创新基地，发展和形成了具有自主知识产权和较高品牌竞争力的新材料产业集群。

目前，中国钨工业的资源储量、产品产量、出口贸易量和消费量均居世界第一。2010 年，全国钨精矿产能 14.5 万吨（折合 65% WO_3，下同），占世界比例 71.4%，产量 9.95 万吨，占世界比例 86.4%；仲钨酸铵产能 19 万吨，占世界比例 82.6%，产量 6.7 万吨，占世界比例 70.5%；氧化钨产能 7 万吨，占世界比例 65.4%，产量 5.5 万吨，占世界比例 66.3%；钨粉产能 6.2 万吨，占世界比例 66.7%，产量 3.6 万吨，占世界比例 56.3%；碳化钨产能 3.5 万吨，占世界比例 53%，产量 2.6 万吨，占世界比例 48.1%；硬质合金产能 3.6 万吨，产量 1.65 万吨，占世界比例 40%。统计内的全国主要钨企业实现工业总产值（当年价）351 亿元，其中矿山 49.4 亿元，冶炼 68.5 亿元，硬质合金 122.3 亿元，钨材 15 亿元，钨铁合金 9.8 亿元，其他 86 亿元；主营业务收入 443.5 亿元，其中矿山 50 亿元，冶炼 74.3 亿元，硬质合金 99.5 亿元，钨材 15.4 亿元，钨铁合金 9.7 亿元，其他 194.6 亿元；利税总额 42.2 亿元，其中矿山 16.2 亿元，冶炼 6.4 亿元，硬质合金 11.2 亿元，钨材 2.5 亿元，钨铁合金0.8亿元，其他5.1亿元；实现利润26.4亿元，其中矿山9.8亿元，冶炼4.7亿元，硬质合金6.9亿元，钨材1.9亿元，钨铁合金0.6亿元，其他2.5亿元；资产总额417亿元，其中矿山105.6亿元，冶炼81.4亿元，硬质合金96亿元，钨材7.8亿元，钨铁合金6亿元，其他120.2亿元。

第二篇

钨的性质与用途

第一章　钨及其化合物的性质

第一节　金属钨的性质

钨是金属元素中熔点最高、线膨胀系数和蒸气压最低的元素，也是密度最高的金属元素之一。钨具有优异的高温力学性能，非常高的压缩模量与弹性模量，优异的抗高温蠕变性能，高的电导率与热导率以及非常高的电子发射系数等一系列独特性能，因而被广泛应用于民用、工业、军工等各个领域。钨是一种非常重要的战略金属，被誉为“工业牙齿”。由于钨在全球储量少、需求强劲，因而在许多国家被列入战略储备清单，其战略地位十分突出。

一、物理性质

钨属于元素周期表第 6 周期 VI_B 副族元素，其主要物理性质如表 2-1 所示。其中应当指出的是钨的熔点、沸点是所有金属中最高的；钨的蒸气压很低，即使在 2500℃ 的高温下，蒸气压仍很低，在所有金属中是最低的；钨的硬度很高，在所有金属元素中是最硬的；钨的密度在金属中仅次于铼（Re）、铂（Pt）、锇（Os）（它们在常温下的密度分别为 20.53g/cm³、21.37g/cm³和22.5g/cm³）。

表 2-1 钨的主要物理性质

原子序数	74
稳定同位素及其在总钨中的含量/%	180(0.14);182(26.41);183(14.4);184(30.64);186(28.41)
相对原子质量	183.86
电层结构	$[Xe]5d^4,6s^2$
德拜温度/K	400
晶体结构	α-W,体心立方,$a=(0.316522\pm0.000009)$nm(25℃) β-W,630℃以下稳定,立方晶格,$a=0.5046$nm
密度(25℃)/$g\cdot cm^{-3}$	α-W,19.246 ± 0.003 β-W,19.1~18.9
熔点/K	3683 ± 20
沸点/K	5973 ± 200
临界温度/K	13400 ± 1400
蒸气压/kPa	$\lg p=\frac{-44000}{T}+0.5\lg T+7.884\ (T=298\sim3673)$
熔化潜热/$kJ\cdot mol^{-1}$	46 ± 4
升华热(25℃)/$kJ\cdot mol^{-1}$	858.9 ± 4.6
蒸发热(沸点)/$kJ\cdot mol^{-1}$	823.85 ± 20.9
标准熵 $S_{298}^{\ominus}$/$J\cdot mol^{-1}\cdot K^{-1}$	33.45 ± 0.84

续表 2-1

比热容 c_p/J · mol^{-1} · K^{-1}	$c_p = 24.85 - 1.194 \times 10^5 T^{-2} + 1.669 \times 10^{-3} T + 4.234 \times 10^{-10} T^3 (T = 298 \sim 3298)$
298K	24.02
1000K	26.82
2000K	31.55
线膨胀系数 α/K^{-1}	
300K	4.49×10^{-6}
600K	4.75×10^{-6}
1000K	5.02×10^{-6}
2200K	6.89
3400K	11.60
电阻率/μΩ · cm	
500K	10.7
800K	18.85
1000K	24.75
电子逸出功/eV	4.5
热中子俘获截面/m^2	18×10^{-28}
电离势/eV	$W^0 \rightarrow W^+ \rightarrow W^{2+} \rightarrow W^{3+} \rightarrow W^{4+}$ 7.89 17.7 (24) (35)

致密钨呈暗灰色，粗颗粒钨粉呈灰色，随着粒度的减小，钨的颜色逐渐变成深灰，直至超细钨粉呈黑色，并且皆具有金属光泽。

二、力学性质

室温下钨具有良好的力学性质，如表 2-2 所示。

表 2-2 钨的室温力学性质

力学性质		数 据	备 注
压缩性/$cm^2 \cdot kg^{-1}$		2.9×10^{-7}	
弹性模量/MPa		396000	20℃
硬度/MPa		3000～5000	轻微变形，>1.0mm 板丝
		5000～7000	大变形，<1.0mm 板丝
		3600	再结晶(细晶粒)
抗拉强度/MPa		980～1750	轻微变形，>1.0mm 板丝
		1470～1960	大变形，<1.0mm 板丝
		980～1190	再结晶
塑-脆转变温度/℃		200～500	
四倍厚度弯曲时塑性脆性转变温度/℃	电子束熔炼材料(含 C:4×10^{-6};N:13×10^{-6};O:2×10^{-6};1927℃退火 1h) 电子束熔炼材料(成分同上，1204℃退火 1h)	273	
	电弧熔炼材料(含 C:4×10^{-6};N:9×10^{-9};O:2×10^{-6};2038℃退火 1h)	323	
	化学气相沉积材料(含 C:<10×10^{-6};N:<5×10^{-6};O:7×10^{-6};1800℃退火 1h)	200	
体积模量/Pa		$3.108 \times 10^{11} - 1.759 \times 10^{7}t + 0.344 \times 10^{3}t^{2}$	

续表 2-2

力学性质	数　据	备　注
剪切模量/Pa	$1.603\times10^{11}-1.456\times10^{7}t-3.28\times10^{3}t^{2}$	
弹性模量/Pa	$4.103\times10^{11}-3.489\times10^{7}t-7.55\times10^{3}t^{2}$	
显微硬度(载荷 200g)/Pa		
电子束熔铸钨	3786×10^{6}	
掺硅铝钾多晶钨:旋锻件退火	3718×10^{6}	
轧制再结晶	3855×10^{6}	
旋锻钨条	4650×10^{6}	

三、化学性质

常温下，钨在空气和氧气中稳定。当在空气中加热至400℃以上时则发生显著的氧化，在高温下钨氧化成三氧化钨。

钨与氢气不发生作用，因而钨的所有热处理过程都可以在氢气的保护下进行。

在常温下，钨与氟发生反应生成氟化物；在 300℃左右，钨能与氯气发生反应生成氯化物；约在 800℃下钨才与碘发生反应。此外，在高温下钨与硼、碳、硅、氮、硫等作用生成二元化合物。

温度在 1100℃以上时，钨与碳及一些含碳气体（如 CO

等）反应生成具有重要工业价值的碳化钨。碳化钨的密度极大，并且难熔，是硬质合金的重要原料。

钨在常温下不与水发生反应。在没有氧或氧化剂存在的情况下，钨在冷碱溶液中是稳定的，加热时可被碱溶液轻微侵蚀。在有氧或氧化剂（如 KNO_3、$KClO_3$ 等）存在的情况下，钨与熔融的苛性钠激烈地反应生成碱金属钨酸盐。

常温下，钨对任何浓度的硫酸、盐酸、氢氟酸及王水都是稳定的。加热至100℃时，钨在氢氟酸中是稳定的，与硫酸、盐酸则发生微弱作用。硝酸和王水对钨的侵蚀较为明显。钨能很快溶解于氢氟酸和硝酸组成的混合酸中。

钨开始被某些化合物侵蚀的温度见表2-3。

表2-3 钨开始被某些化合物侵蚀的温度

化合物	HCl，O_2	NH_3	CO，Br，I，CS_2，H_2O	C_xH_y，N_2+H_2	C，CO	N_2，ZrO_2	MgO，BeO，ThO_2	Al_2O_3
温度/℃	500	800	900	1000	1200	1500	2000	2500

综上所述，金属钨有很强的化学稳定性，为其在高温及强腐蚀条件下进行工作奠定了基础。

第二节 钨化合物的性质

一、氧化物

钨和氧能形成一系列的氧化物，而其中重要的稳定的氧化物是三氧化钨（WO_3）和二氧化钨（WO_2）。此外，在用氢还原的过程中，还有中间氧化物 $WO_{2.90}$（蓝钨）和 $WO_{2.72}$（紫钨）生成。

（一）三氧化钨（WO_3）

三氧化钨是煅烧钨酸或仲钨酸铵的产物，为柠檬黄色的粉末。三氧化钨是钨酸酐，不溶于硫酸、盐酸和硝酸，但能以配合物形式溶于氢氟酸。三氧化钨易溶解于碳酸钠、氢氧化钠和氢氧化铵溶液中，并相应地生成可溶性的钨酸盐。在加热情况下，三氧化钨能被氢、一氧化碳或碳还原成金属钨。

（二）二氧化钨（WO_2）

二氧化钨是氢还原三氧化钨的中间产物。二氧化钨呈褐色，在空气中加热易氧化成三氧化钨。大约在1050℃时，二氧化钨显著地升华。二氧化钨不溶于水、碱液及稀酸。

（三）钨的中间氧化物 $WO_{2.90}$ 和 $WO_{2.72}$

用氢还原三氧化钨制取二氧化钨过程中，会形成钨的中间氧化物 $WO_{2.90}$ 和 $WO_{2.72}$。$WO_{2.90}$ 呈蓝色，$WO_{2.72}$ 呈紫色，它们微溶于硫酸、盐酸以及碱性稀溶液。硝酸能将中间氧化物氧化成高价氧化物。

二、碳化物

钨的碳化物有两种——W_2C 和 WC，它们都是极难熔的物质，W_2C 的熔点为2750℃左右；WC 在2600℃时熔化同时发生分解。

WC 具有优良的物理力学性能。碳化钨的密度为

15.7g/cm^3；X 射线密度为 15.77g/cm^3。对多晶碳化钨而言，其硬度随颗粒尺寸的减小而增加；对细颗粒 WC 来说，硬度 HV 为 30；弹性模量为 670～707GPa；剪切模量为 262～298GPa；压缩模量为 384GPa；线膨胀系数为 $5.2\times10^{-6}K^{-1}$（a 轴），$7.3\times10^{-6}K^{-1}$（c 轴）；电阻率为 17～25μΩ·cm；热导率为 1.2W/(cm·K)；超导临界温度为 10K；$-\Delta H^{\ominus}_{298K}=$ 40.5kJ/mol。

三、钨酸及其盐类

（一）钨酸

钨酸的形态主要有两种：向沸腾的钨酸盐溶液中加入盐酸往往得到黄钨酸，而在不加热的情况下析出的为胶态白钨酸，控制适当的条件可得到粉状白钨酸，黄钨酸有固定的脱水温度。钨酸实际上不溶于水，除氢氟酸外，不溶于其他无机酸。钨酸能很好地溶于 NaOH、Na_2CO_3、NH_4OH 溶液并生成相应的正钨酸盐。钨酸能与二元醇或与多元醇作用生成可溶性的钨醇化合物。

（二）正钨酸盐

碱金属及铵的正钨酸盐均溶于水，工业上意义较大的是其钠盐和钙盐。从 Na_2WO_4 的碱性溶液中可结晶出正钨酸钠晶体，其分子式可用 $Na_2WO_4\cdot nH_2O$ 表示。用 $CaCl_2$ 与 Na_2WO_4 的碱性溶液作用，可得到钨酸钙。钨酸钙为白色粉末，在水中溶解度很小：20℃ 时为 0.0133g/L；90℃ 为 0.0023g/L。

（三）同多酸及盐类

将正钨酸盐溶液酸化，则 WO_4^{2-} 将聚合生成各种同多酸根。

（1）仲钨酸盐。仲钨酸铵简称 APT，分子式为 $5(NH_4)_2O \cdot 12WO_3 \cdot nH_2O$。当温度低于 50℃，$n=11$ 时为针状结晶；温度高于 50℃，$n=5$ 时为片状晶体。

将 $(NH_4)_2WO_4$ 溶液蒸发，或用酸中和或冷冻均可得到仲钨酸铵晶体，其反应为：

$$12(NH_4)_2WO_4 = 5(NH_4)_2O \cdot 12WO_3 \cdot nH_2O + 14NH_3 + (7-n)H_2O$$

$$12(NH_4)_2WO_4 + 14HCl = 5(NH_4)_2O \cdot 12WO_3 + nH_2O + 14NH_4Cl + (7-n)H_2O$$

仲钨酸铵在水中溶解度很小。

（2）铵钠复盐。即仲钨酸钠与仲钨酸铵的复盐，将 Na_2WO_4 溶液中和到 pH 值为 6.5～6.8，再加入 NH_4Cl，则产生铵钠复盐沉淀。其反应为：

$$10Na_2WO_4 + 6NH_4Cl + 12HCl + 9H_2O = 3(NH_4)_2O \cdot Na_2O \cdot 10WO_3 \cdot 15H_2O + 18NaCl$$

铵钠复盐的溶解度很小，在饱和的 NH_4Cl 溶液中仅为 0.3g/L，将其晶体用 20% NH_4Cl 溶液处理时，又能转化为仲钨酸铵，其反应式为：

$$6[3(NH_4)_2O \cdot Na_2O \cdot 10WO_3 \cdot 15H_2O] + 14NH_4Cl = 5[5(NH_4)_2O \cdot 12WO_3 \cdot 11H_2O] + 2HCl + 34H_2O + 12NaCl$$

此性质曾用于从 Na_2WO_4 溶液中生产 APT。

（3）偏钨酸及其盐。偏钨酸（$H_2W_{12}O_{39}\cdot 27H_2O$）及其大部分盐类都能很好地溶于水，如20℃时100g H_2O可溶解偏钨酸铵（$NH_4)_6H_2W_{12}O_{40}\cdot yH_2O$ 303.9g，这一特性为制备含钨催化剂创造了条件。

四、卤化物

钨氟化物的重要特性是：

（1）熔点和沸点都较低，熔点2.0℃，沸点19.9℃，因此很容易采用精馏或蒸馏的方法提纯，纯度可达到99.999%以上。

（2）易于还原，即很容易被氢还原得到钨粉。

上述两种优越性质的结合，使人们得以适用某些用户对特纯钨粉的需求而制取特纯钨粉，同时也可用于化学气相沉积法制备集成电路。

钨的氯化物也有类似的性质，相应地也可开发类似的用途。

第二章 钨及其化合物的用途

由于钨具有上述一系列优异的物理化学性能，因此，在国民经济各部门及国防工业中被广泛地用作结构材料，使用范围及消耗量逐年增加，现已广泛用于冶金、电子、化工、机械切削、航空航天工业和核子工程等领域。钨以纯金属状态和合金状态广泛应用于现代技术中，合金状态中最主要的是合金钢、碳化钨基硬质合金、耐磨和热强合金。

第一节 钢铁工业

在钢铁工业中，钨主要以钨铁形式加入，即首先将钨精矿与铁屑等在电弧炉中还原熔炼得到钨铁，然后在炼钢过程中加入。在某些情况下亦可将钨粉加工成钨条，在炼钢过程中以钨条形式加入。近年来研究成功的白钨精矿直接炼钢的工艺，是在炼钢过程中加入白钨精矿，以硅铁或碳为还原剂，钨则被还原进入钢中。

钨加入钢中能使钢的晶粒细化，提高其高温硬度、耐磨性和冲击强度。钨钢主要用作高速切削钢和模具钢，其在高速切削钢上的应用已有一个多世纪的历史。广泛采用的高速钢含有9% ~24%的钨、3.8% ~4.6%的铬、1% ~5%的钒、4% ~7%的钴、0.7% ~1.5%的碳。高速钢的特点是在高的强化回火温度（700 ~800℃）下，能在空气中自动淬火和二次硬化，因此，直到600 ~650℃它还能保持高的硬度和耐磨性。合金工具钢中的钨钢含有0.8% ~1.2%的钨；铬钨硅钢含有2% ~2.7%的钨；铬钨钢中含有2% ~9%的钨；铬钨锰钢中含有0.5% ~1.6%的钨。含钨的钢用于制造各种工具，如钻头、铣刀、拉丝模、阴模和阳模、气动工具等零件。钨磁钢含有5.2% ~6.2%的钨、0.68% ~0.78%的碳、0.3% ~0.5%的铬的永磁体钢；钨钴磁钢含有11.5% ~14.5%的钨、5.5% ~6.5%的钼、11.5% ~12.5%的钴的硬磁材料，它们具有高的磁化强度和矫顽磁力，是重要的磁性材料。

第二节 硬质合金

硬质合金领域为钨最主要的用途，大约50%以上的钨用于制造碳化钨基硬质合金。硬质合金有一系列优良性能，主要是：高的硬度和耐磨性能，特别是高温硬度，其600℃时的硬度超过高速钢在常温下的硬度，1000℃时的硬度超过碳钢的常温硬度；高的弹性模量，通常为(40～70)×10^4MPa。因而硬质合金在常温下刚性好，无明显的塑性变形；抗压强度高；膨胀系数较小，但热导率和电导率则与铁及其合金相近；化学稳定性好，耐酸耐碱，600～800℃下无明显氧化；热稳定性能好。由于具有上述一系列优良性能，硬质合金在现代工具材料、耐磨材料、耐高温及耐腐蚀材料中占据重要地位，特别是在切削加工工业中显示出极大的优越性。硬质合金工具与合金钢工具相比，主要优点为：

(1) 金属切削速度提高数十倍，大大提高了劳动生产率；

(2) 制成品的尺寸精度提高，表面粗糙度降低；

(3) 可加工高速钢难以加工的材料，如耐热合金、钛合金、特硬铸铁等。

在硬质合金领域中，钨主要是以WC形态应用的。当前生产WC的主要方法是将金属钨粉进行碳化，因此金属钨粉的质量对硬质合金产品的质量有较大的影响。为制得优质的硬质合金，首先应制得符合一定要求的钨粉。

硬质合金领域对原料钨粉的要求主要是化学纯度、物理性能和工艺性能。物理性能主要包括其粒度、粒形、粒度分布和颗粒聚集状态，这些往往因具体用户的不同而有所差别；工艺性能则包括流动性、压制性能和烧结性能，因此在冶金过程中应采取一定措施以改善钨粉的性能。

第三节　耐磨和热强合金

最难熔的金属钨常被用作许多热强合金的组分，如由3% ~ 15% 钨、25% ~ 35% 铬、45% ~ 65% 钴和 0.5% ~ 2.75% 碳所组成的合金，主要用于制造强耐磨的零件，例如航空发动机的活门、压模热切刀的工作部件、涡轮机叶轮、挖掘设备、犁头的表面涂层，以及其他一些耐磨耐热部件。钨和其他难熔金属（钽、铌、钼、铼）制成的合金常被用作热强材料。

第四节　钨 基 合 金

制备钨基合金的钨，主要是有一定纯度和粒度、粒形的金属钨粉、钨材，包括金属钨的板、棒、丝材，主要用于制造电子管、无线电元件、高温炉的加热元件和隔热元件、钨坩埚等。钨基合金包括钨基触头合金和高密度合金。高密度合金分为 W-Ni-Fe 系列和 W-Cu 系列，其特点是密度高，达 16.5~19.0g/cm^3，相当于钢的2倍以上；强度高，达800~1000MPa；良好的塑性，W-Ni-Fe 系列烧结态伸长率达 10%~15%；良好的抗氧化性能，在空气中500℃以上无明显氧化；良好的机械加工性能，可进行车、铣、刨等加工处理。W-Ni-Cu 可用作飞机导航仪中的陀螺转子及平衡配重元件，控制精度非常高。此外，W-Ni-Fe、W-Ni-Cu 高密度合金还被广泛用于制造医疗行业中的屏蔽材料，通信业中的手机和 BP 机的振动元件，在体育、娱乐业中用作高尔夫球拍的球头部分的配重元件，在电气行业中用作高压触头和电气加热元件等。W-Cu(Mo-Cu)材料具有好的导热性和导电性，小的线膨胀系数，可广泛用作电接触材料、微电子封装材料和热沉材料。目前该类合金材料受到了世界各国的高度重视，已成为材料科学界最为活跃的研究领域之一。W-Cu (10%~40% Cu) 和 W-Ag 合金兼有铜和银的良好的导电性、导热性及钨的耐磨性，可成为制造闸刀开关、断路器、点焊电极等工作部件的触头的材料。

第五节 电真空照明材料

钨以钨丝、钨带和各种锻造元件的形式用于电子管生产、无线电电子学和 X 射线技术中。钨是制造白炽灯丝和螺旋丝的最好材料。高的工作温度（2200~2500℃）可保证高的发光效率，而小的蒸发速度可保证灯丝的长寿命。钨丝可用于制造电子振荡管的直热阴极和栅极、高压整流器的阴极和各种电子仪器中的旁热式阴极加热器。钨可用于制造X射线管和气体放电管的对阴极和阴极，以及无线电设备的触头和原子氢焊枪电极。钨丝和钨棒可用作高温炉（达3000℃）的加热器。钨的加热器在氢气气氛、惰性气氛或真空中工作。

第六节 钨的其他材料

钨的偏钨酸铵和杂多酸主要用作石油化工及有机合成中的催化剂。钨酸钠用于生产某些类型的油漆和颜料，在纺织工业中用于布疋加重及与硫酸铵、磷酸铵混合来制造耐火和防水布疋，此外还可用于金属钨、钨酸及钨酸盐的制造以及染料、颜料、油墨、电镀等方面。钨酸在纺织工业中是媒染剂与染料，在化学工业中被用作制取高辛烷汽油的催化剂。二硫化钨在有机合成中，如在合成汽油的制取中被用作固体的润滑剂和催化剂。

基于上述钨及其化合物的优异性能，其在国防领域中占有重要地位。在军事工业中，像枪、炮、坦克和其他武器装备中与火药接触的耐压、耐热等部分，都是用钨钢制作的；航空喷气发动机的燃烧室、燃料喷嘴、涡轮导流叶片、涡轮转子叶片等都是用钨合金制成的；火箭、导弹、卫星的蒙皮材料是用含钨耐高温合金制成的；用高密度钨合金制成的穿甲弹头，能提高炮弹的性能；陀螺仪是飞机、舰艇、火箭的导航和控制系统的心脏，用高密度钨合金制成的陀螺仪的惯性元件，能提高仪器的稳定性和控制精度，如飞机的副翼、转向舵和水平尾翼等处都需配重来保持平衡。在某些飞机中，用于配重的高密度钨合金达几百千克，钨合金材料对发展现代航天、航空和航海事业都有着十分重要的意义。

除上述各种钨及其无机物的应用外，钨的有机聚合物的应用开发将给钨的应用开辟更为广阔的天地，如由钨与塑胶制成的聚合物无毒，柔软度与铅一样，密度比铅及铋高，可以代替铅用于制造武器弹药，减少对环境的破坏。

随着科技日新月异的发展、技术进步和新产品的开发，钨将发挥更为重大的作用，具体表现在以下几个方面：

（1）信息产业高速发展，需依赖高性能的钨材的强力支撑；

（2）钢铁工业的快速增长和结构调整，将促使用于轧钢的轧辊和用金属制品加工的硬质合金模具、刀具，以及特钢对钨的需求有较大增长；

（3）机械制造业将向精度化、数控化、综合能力化方向发展，需要钨制品特别是硬质合金向高档次、小批量、多品种方向发展；

（4）汽车工业高速发展，使高质量、高档次和高精度的切削刀具、钻头需要的硬质合金明显增长，也将使车用耐震灯丝和钨触头等材料的消耗大幅增加；

（5）建筑业和民用生活用品在一个较长时期内保持高速度增长，其相应所需的硬质合金、钨基合金和钨材产品用量同时增加；

（6）我国大力开发矿业，增加了地区勘探和采选矿的投入，矿用硬质合金和钨制品用量将持续增长；

（7）随着石化工业的发展，含钨催化剂在石油炼制和石油化工领域的应用，特别是在清洁汽油、清洁柴油生产工艺开发方面的应用将越来越显示出其重要作用，用量将有所增长；

（8）随着电力能源技术的高度进展，电力输送需要更多的钨基复合材料和钨触头，核电需要高性能的钨合金。

第三篇

钨资源储量

第一章 世界钨资源储量

第一节 世界钨储量

据美国地质调查局公告，2010 年，世界钨储量为 290 万吨（金属量，折合成 WO_3 为 365.7 万吨），其中，中国储量为 190 万吨（金属量，折合成 WO_3 为 229.6 万吨），见表 3-1。

表 3-1 2010 年世界钨储量（金属量） （万吨）

国家或地区	储 量	国家或地区	储 量
中 国	190	葡萄牙	0.42
加拿大	12	奥地利	1
俄罗斯	25	其 他	40
美 国	14		
玻利维亚	5.3	总 计	290

注：资料来源于美国地质调查局钨公告。

另外，据有关资料显示，朝鲜、泰国、巴西、缅甸、哈萨克斯坦、澳大利亚、乌兹别克斯坦等国也有一定储量。

第二节　世界钨矿资源的特点

一、资源分布很不均衡

世界钨矿资源大多环绕太平洋分布，其次是地中海及欧洲滨大西洋地区。

钨在环太平洋区域的分布是全球最重要的很有远景的分布区，主要集中在两个区域，一是从俄罗斯远东及外贝加尔湖地区，经朝鲜半岛、日本列岛到中国华南，再经印支半岛、马来西亚半岛、印度尼西亚到澳大利亚东部及新西兰；二是在太平洋东海岸的阿根廷、玻利维亚、巴西、秘鲁、美国和加拿大西北部。这个环形区内集中了世界上大部分钨资源储量，其中最主要的成矿带有：中国华南—朝鲜滨太平洋钨矿带；喜马拉雅—马来西亚钨矿带；西落基山钨矿带；安第斯山钨矿带和东澳大利亚滨太平洋钨矿带。

二、资源集中度较高

世界钨资源主要集中在中国、加拿大、俄罗斯、美国和玻利维亚，五国储量之和占世界总量的84.9%，其中中国储量占世界总量的65.5%。

三、大型矿床较集中

世界大型和超大型钨矿床有2/3分布于亚洲，1/3分布于北美洲和欧洲，非洲、大洋洲和南美洲尚未发现大型和超大型钨矿床。中国拥有的大型和超大型钨矿床数量最多，约占总数的58.3%，其次是加拿大、俄罗斯和美国。

四、矿石类型以白钨矿为主

世界钨矿矿石工业类型以白钨矿床为主，以黑钨矿床和黑白混合钨矿床为辅，其中白钨矿床储量占钨矿总储量的2/3以上。

第二章 中国钨资源储量

第一节 中国钨矿资源的特点

一、资源储量丰富，在全球优势比较明显

依据2010年中国钨储量数据修正后的美国地质调查局的数据，中国钨储量占全球总量的50%，虽然所占比例下降幅度较大，但仍居全球第一位。

二、资源产地分布广泛，集中度相对较高

中国钨资源在大陆区域23个省区均有分布，但主要集中在湖南、江西、河南、甘肃、广东、广西、福建和安徽8个省区，这8个省区的钨矿储量、基础储量、资源量和查明资源储量之和分别占全国总量的95.6%、93.7%、79.9%和85.1%。其中，湖南省是中国钨资源最多的省份，其储量、

基础储量、资源量和查明资源储量分别占全国总量的40.4%、47.2%、22%和31.4%，其储量比位列世界第二、第三的加拿大、俄罗斯两国储量之和还要多。

三、矿石类型较全，以白钨矿为主

目前，除现代热泉沉积矿床和含钨卤水-蒸发岩矿床外，其他已知的钨矿床成因类型在中国均有发现。中国钨矿工业类型以白钨矿床为主，黑钨矿床和黑白混合钨矿床为辅。其中：白钨矿的储量、基础储量、资源量和查明资源储量分别占全部钨矿储量的73.2%、72.4%、66.2%和68.5%；黑钨矿的储量、基础储量、资源量和查明资源储量分别占全部钨矿储量的17.2%、18.7%、24.3%和22.2%；黑白混合钨矿的储量、基础储量、资源量和查明资源储量分别占全部钨矿储量的9.6%、8.9%、9.5%和9.3%。

四、伴生在其他矿床中的钨资源储量可观

中国的伴生钨资源储量可观，如河南栾川钼业集团股份有限公司、云南锡业集团有限责任公司、湖北大冶有色金属集团控股有限公司和江西铜业集团公司所属矿山等。其中，河南省作为中国钨资源储量第三大省，资源储量中90%以上是栾川钼业集团股份有限公司钼矿床中伴生的白钨矿，资源储量相当于一个特大型白钨矿床。

五、富矿少、贫矿多、难选矿石多

中国钨矿以白钨、黑白钨共生、共伴生为主，其中，占

主体地位的白钨矿中有80%以上地质品位小于0.4%，而且有用矿物因嵌布粒度细，选别率低，大多属于难以回收利用的矿石。

六、钨矿床共（伴）生有益组分多

中国钨矿床中与钨矿共（伴）生的主要有锡、钼、铋、铜、铅、锌、金、银、铁、硫、铌、钽、锂、铍、稀土、镓、铟、铊、铼、砷、萤石等30余种有益组分，综合利用价值较大。

第二节 中国钨矿资源的潜力

据全国21个矿种（包括钨）资源评价工作所反映的初步信息，中国钨资源储量潜力很大。其中，在赣南—粤北和湘南老矿区，通过探底摸边勘查工作，已在西华山、茅坪、淘锡坑、大吉山、浒坑、瑶岗仙和黄沙坪等地陆续发现新的矿体，部分中小型矿床可能上升为大型矿床。与此同时，国家近几年加大了对皖南（浙西）、吉中—延边、北祁连、新疆—青海祁曼塔格和藏北甲岗五大找矿远景较好的新区的勘查工作力度，均有新的突破，找矿潜力较大。

第四篇

钨的勘查理论与技术

中国钨矿床正规系统的勘查工作主要从新中国成立后才开始进行。通过不断实践，勘查工作由“数大脉”深入到观察并研究成矿地质环境、控矿地质因素、成矿地质规律，总结出一整套隐伏、半隐伏矿床的找矿理论和评价方法，使中国钨矿地质找矿和研究水平处于国际先进水平。

第一章　运用“五层楼”规律找矿

“五层楼”是指含钨矿物的石英脉由地表向下，以其脉体形态、厚度、含脉密度及含脉率、脉内矿物组成、近矿热液蚀变作用产物等与成矿作用有关的各种信息所表现出的有序的渐进递变规律，矿脉的空间分布从上到下大致可分为五个带，依次为线脉带、细脉带、薄脉带、单脉带和大脉带。这种具有中国钨矿成矿特色的规律是地质工作者在勘查和评价柿竹园的云英岩-矽卡岩型钨钼铋矿床、福建行洛坑、江西下桐岭的岩体型网脉状黑钨-白钨矿床、江西漂塘和广东梅子窝的细脉带型黑钨矿床的实践中发现并总结出来的。在运用“五层楼”规律开展的隐伏、半隐伏矿床找矿，寻找新的钨矿床方面取得明显成果。“五层楼”成矿规律的发现和发展，为中国华南地区钨矿勘查拓展了范围，丰富和推动了对成矿规律和理论的研究。

第二章 应用隐伏岩体顶突标高进行找矿预测

确定矿床的顶与底是建立矿床找矿模式的重要内容，是找矿评价地质工作的关键技术问题。经过长期的找矿实践，中国的钨矿地质人员认识到华南地区的石英脉状黑钨矿床与壳源型岩浆花岗岩之间存在密切的时间、空间和成因联系。含矿石英脉大都赋存在隐伏花岗岩顶突的内外接触带，而且含矿石英脉进入花岗岩体之后，其延深数十米至百余米即行尖灭。因此，可将花岗岩的顶突产出标高作为判断含矿石英脉赋存深度的标志。在系统观察、研究隐伏花岗岩体顶突上方的热变质岩石的矿物组成和结构、构造特征的规律变化的基础上，总结出了热变质岩石的垂直分带规律，即从上到下（或由地表到隐伏岩体顶突附近）依次出现斑点板岩、绿泥石角岩、绢云母角岩、白云母角岩、二云母角岩、黑云母角岩和石榴石角岩。结合地球物理和遥感技术获得的信息，实现了隐伏花岗岩顶突产出标高预测，隐伏岩体预测在赣南西华山-杨眉寺成矿带的找矿预测工作中取得了较理想的成果。

第三章 在已知钨矿床外围或深部探寻新的矿种或新的钨矿床类型

中国地质工作者在钨矿床的地质勘查和评价过程中发现，某些石英脉状黑钨矿床的深部，有的存在花岗岩型钽铌矿床（如广西栗木矿区水溪庙矿床、江西全南大吉山矿床的中组矿脉），有的则出现花岗岩型黑钨矿床（如江西徐山矿床、黄沙矿床、广东红岭矿床）或云英岩型钨矿床（如江西茅坪钨矿床），有些矿床的附近则出现花岗岩型稀土矿床（如江西全南大吉山钨矿床附近的五里亭稀土矿床）或花岗岩型钽铌矿床（如广西栗木矿区的香坛岭、牛栏坪钨矿床附近找到的老虎头中型花岗岩型钽铌矿床、新坊钨矿床附近的雅山大型花岗岩型钽铌矿床），有的钨矿床，其附近出现了稀土、钽铌矿床（如湘南深坑里钨矿床的附近尖峰岭含矿花岗岩，其下部为花岗岩型稀土矿床，上部为花岗岩型钽铌矿床，顶部出现了云英岩型锡钨矿床），通过系统的观察研究，人们发现在同一矿区内出现的不同的矿种或不同的矿床类型，它们彼此之间存在着亲缘关系，在成矿作用的地球化学特征上展示出继承演化关系，它们构成了花岗岩的成岩成矿系列。在成矿系列认识的指导下，人们发现了一批花岗岩型钽铌矿床（如江西葛园矿床、广西金竹园矿床和湖南金竹垅矿床等），推动了花岗岩成岩成矿理论向纵深发展。

第四章 运用地球化学、地球物理的新技术、新方法开展新一轮地质找矿

进入21世纪以后，科技发展日新月异，尤其是将地球化学及地球物理的新技术、新方法和高灵敏度高精度的物化探仪器引入矿产资源勘查工作中，使地质勘查工作如虎添翼。

在隐伏矿床预测中，目前采用的地球化学勘查方法包括：地气法（NAMEG）、构造地球化学法（或断裂构造地球化学法）、地电化学电吸附法、生物地球化学找矿法等，应用高穿透性物态标志探测深部隐伏矿体的新方法，测试的组分与深部隐伏矿体的成分密切相关，测得异常与矿体的空间对应性好，已经成为当前化探技术寻找隐伏矿体的重点方法。

由于计算机技术的发展和物探新技术的应用，发展了一批地球物理找矿新方法和新仪器，对成矿的地球物理弱信息的识别能力大大增强，目前使用的方法主要有瞬变电磁法（TEM）、可控音频大地电磁测深法（CSAMT）、地面高精度磁测法等。

第五篇

采矿技术与装备

第一章　概　　述

矿山开采分露天开采和地下开采两大类。露天开采是指在敞露地表采场进行有用矿物的采剥作业；地下开采是指从地表向地下掘进一系列井巷工程通达矿体，建立完整的提升、运输、通风、排水、供电、供气、供水等生产系统及其辅助生产系统并进行有用矿物的采矿工作的总称。露天开采虽然基建工程量较大，一次性投资较高，建设土地占用较多，但因其具有建设速度快、生产条件好、矿石回采率高、采矿成本低、作业安全性好、适合使用大型高效设备和有利于科学管理等优点，因此只要条件许可，应尽量采用露天开采。

中国钨矿床一般埋藏较深，矿体厚度较小，因此可以采用露天开采的矿山较少，全国150余座矿山中只有福建宁化行洛坑钨矿有限公司和江西分宜珠江矿业有限公司采用，其他均采用地下开采方式。

第二章 露 天 开 采

第一节 开采过程的主要环节

露天开采过程主要由开拓、运输、采剥、穿孔爆破、通风、防排水以及排土场等设施环节组成。矿山开采前，要根据地形地貌特点和矿体赋存条件，确定露天矿的开采境界和采场采剥要素，做好开拓方式的选择和开采方案的对比，将露天开采的优势充分发挥出来。本章将重点叙述开采境界、开拓运输、采剥工作等有关内容。

第二节 开采境界的确定

一、合理开采境界应满足的一般条件

合理开采境界应满足以下条件：

（1）生产成本低于地下开采生产成本或允许的生产成本；

（2）单位投资不应超过允许的单位投资；

（3）能满足开拓运输和边坡稳定的要求；

（4）能充分利用资源。

二、采场深度的确定

（一）用经济合理剥采比来确定

经济合理剥采比指的是在经济上允许的最大剥采比，

即：在露天开采的成本要小于或等于地下开采的成本的前提下，计算和设计出岩石剥离量与采矿量的比例，进而确定露天采场的深度。

（二）采场深度的调整与控制

应根据不同情况来调整及控制采场深度，具体如下：

（1）具备以下情况可适当减小露天开采深度：

1）为了避开显著影响基建时间和基建工程量的高山头；

2）为了避开较大河流、铁路和特殊重要的建筑物等；

3）为了避开严重影响边坡稳定的不稳定岩层。

（2）具备以下情况可适当加大露天开采深度：

1）按经济合理剥采比圈定的露天采矿场以外所剩的储量不多，不值得再用坑内开采；

2）用坑内开采在安全上受威胁或在技术上有较大困难者。

第三节　开拓运输

一、开拓运输方式的选择

（一）原则

选择开拓运输方式时的原则包括：

（1）基建工程量少、基建时间短；

（2）生产工艺简单可靠，技术先进适用；

（3）不占或少占耕地，有利于复垦；

（4）便于施工；

（5）基建投资少，生产经营费低。

（二）技术经济比较

主要内容有：总剥岩量、建设速度、土石方工程量、井下工程量、主要设备品种和数量、占地面积、人员数量、基建投资、生产经营费等。

（三）主要开拓运输方式

主要的开拓运输方式包括：

（1）铁路开拓运输。适用条件为地形和矿床产状简单、矿石品种单一，矿体厚度大；运输量大；采场面积大；地表封闭圈以下深度在160m以内；运距在3000m以上。

（2）汽车开拓运输。适用条件为采场地形和矿体产状复杂，矿石需分采分运；采场面积不大但深度较大；废石场较多且分散；运距较短，一般在3000m以内；多台阶作业，陡帮开采。

（3）平硐溜井开拓运输。适用条件为地形比高较大，山坡陡峻，矿床赋存在当地侵蚀基准面以上；矿岩含泥水低，黏结性小，矿石溜放时不易堵塞；岩层地段坚固稳定，可布置溜井。

（4）带式输送机开拓运输。适用条件为运量大、运距长、高差大的深凹露天矿；物料湿度小，不会形成泥浆或冻结；运送物料单一，粒度适宜；露天边坡稳定。

（5）斜坡提升开拓运输。适用条件为地形比高较大。

（6）联合开拓运输。适用条件为矿体规模较大、埋藏较深，当采用单一运输方式在技术经济上受到限制时，应考虑将以上若干种联合的开拓运输方式。

第四节 采剥工作

一、阶段高度

露天采场内的矿岩通常划分为一定高度的分层，即阶段，以进行剥离和采矿作业。阶段高度的确定与矿体产状、矿岩性质、开采强度、穿爆条件、装载运输方式等因素有关。一般情况下，阶段高度的选择和确定，按表5-1进行。

表5-1 阶段高度的选取

电铲铲斗容积/m^3	阶段高度/m	备注
0.2~0.5	≤10	当矿体倾角较缓，品级复杂时，需要分采的矿床段高度可取小值
1~2	10~12	
3~4	12~14	
>4	14~16	

二、工作坡面角

工作坡面角也叫工作带坡角，它是指工作帮坡面与水平面的夹角，其角度与各工作平台的宽度、阶段高度、采剥工艺和备采矿量有着密切的关系。一般情况下，当采用缓帮采剥工艺时，工作坡面角为13°~15°；当采用陡帮组合台阶作业时，工作坡面角可为25°~35°，甚至可以更大一些。

三、采剥推进方向

采剥推进方向的确定主要取决于矿体产状、地形条件和运输干线的布置形式。其确定的原则是：矿体薄、夹层多、品级复杂时，为降低贫化损失，应尽量采用自上盘向下盘的推进方式；矿体厚、夹层少、品级简单时，主要根据布置运输干线优越的条件确定推进方向；对于深凹露天矿，在条件复杂时，需经过详细的技术经济比较后确定推进方向；对于用斜坡串车提升或汽车运输的小露天矿，为提高下降速度以及解决矿石质量均衡问题，可采取垂直矿体走向开沟，沿矿体走向方向推进的方式。

第三章 地 下 开 采

第一节 开采过程的主要环节

地下开采过程主要由矿床开拓、采矿方法、凿岩爆破、运输、提升、通风防尘、安全、排水、排泥和井口地面设施等环节组成。本章将重点叙述钨矿山所使用的采矿方法等有关内容。

第二节 采 矿 方 法

一、采矿方法分类

采矿方法大致分为三大类，即：空场法、崩落法和充填法。

（一）空场法

空场法可分为房柱采矿法、全面采矿法、全面留矿法、爆力运矿法、分段空场法、阶段矿房法、留矿法（包括浅孔留矿法和深孔留矿法）。

（二）崩落法

崩落法可分为分层崩落法、壁式崩落法、分段崩落法、阶段崩落法（包括连续阶段崩落法和阶段强制自然崩落法）。

（三）充填法

充填法可分为上向水平分层充填法、下向充填法、壁式充填法、支柱充填法、空场嗣后充填法。

中国钨矿山采矿多采用浅孔留矿法、连续阶段崩落法、全面采矿法和分段空场采矿法。

二、浅孔留矿法

（一）适用条件

急倾斜矿体或倾斜和缓倾斜的极厚矿体；矿石及围岩中等稳固；矿体产状较规整；矿石不结块，且无自燃性；地表允许陷落。

（二）矿块构成要素

矿体厚度小于10～15m时矿块沿走向布置，大于10～15m时垂直走向布置。矿块尺寸见表5-2。

表 5-2　普通留矿柱的浅孔留矿法矿块构成要素　(m)

项 目 名 称	沿走向布置	垂直走向布置
中段高度	40~60	40~60
矿房长度	40~50	一般为矿厚
矿房宽度	一般为矿厚	20~30
间柱宽度		
薄矿体	2~4	—
厚矿体	6~8	8~10
顶柱厚度	4~6	5~7
电耙耙矿及格筛漏斗底部结构	12~14	12~14
无格筛的漏斗及平底底部结构	2.5~4	4~6
漏斗间距		
留矿石底柱的	4~6	4~6
不留矿石底柱的	2.5~3	—

采矿方法如图 5-1 所示。

(三) 采准工作

开采厚矿体时一般将天井布置在间柱中，规格为(2.5~3)m×(1.5~2)m，每隔 4~6m 开凿断面为 2m×1.5m 的人行联络道，通往采场。采场两端的人行联络道应错开布置。当开采薄矿体时也可在矿房中开凿一通风天井，矿房边界处架设顺路天井。在漏斗底部水平进行切割工作，切割与扩漏工作一般同时完成。第一分层回采前应将漏斗扩完并充满矿石。

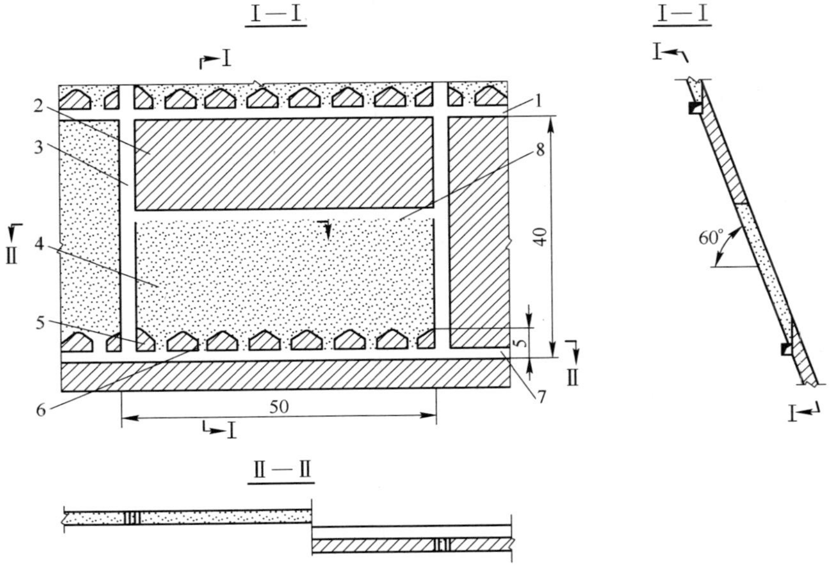

图 5-1　浅孔留矿采矿法

1—回风排道；2—未采矿石；3—天井；4—存留矿石；5—底柱；6—漏斗；7—阶段运输巷道；8—回采空间

（四）回采工作

一般采用分层回采，分层高度为 2 ~ 2.5m。回采工作面多为梯段布置，梯段数目一般为 1 ~ 2 个。用上向凿岩或水平凿岩。爆破后放出 30% 左右的崩落矿量，使矿房内暂留的矿石与回采工作面保有 2 ~ 2.5m 的空间。

三、连续阶段崩落法

（一）适用条件

适用连续阶段崩落法的条件如下：

（1）厚度大于10～15m的急倾斜矿体和任何倾角的极厚矿体；

（2）中硬以上无自然崩落倾向的矿石；

（3）上下盘围岩稳固程度：保证在开凿补偿硐室时围岩不会提前崩落而增加贫化；

（4）覆盖岩石易于成大块自然崩落；

（5）矿石无结块性、自燃性；

（6）地表允许陷落。

（二）矿块构成要素

矿块构成要素包括以下几项：

（1）矿体厚度小于或等于30m时，矿块沿走向布置，矿房宽度等于矿体厚度；

（2）矿体厚度为40m以上时，矿块通常采用垂直走向或盘区布置，其矿块长度及宽度均按30～50m考虑；

（3）中段高度在矿体倾角较缓时为40～50m，矿体倾角较陡时为60～70m；

（4）底柱高度一般为12～16m，在矿石稳固性较差时，可更大些。

（三）采准工作

一般运输巷道布置有两种：对厚矿体的开采多采用脉外运输，对极厚矿体的开采多采用脉内、脉外环形运输；底部结构有格筛巷道和电耙巷道两种形式；除此以外还要开凿放矿溜井、拉底巷道、通风人行井、凿岩天井和凿岩硐室。

切割工作主要是开凿补偿硐室及漏斗，切割层高度一般为2～2.5m，切割层拉开后即可进行补偿硐室和漏斗的开凿工作。

（四）回采工作

深孔凿岩和开凿补偿硐室工作可同时进行，且要求两项工作同时结束。矿石大爆破后，上部覆盖岩石一般情况下即可崩落，并随矿石的下放充填采空区。但若有的因围岩较稳固，不能自然崩落时，必须在回采矿石的同时有计划地崩落围岩。为保证回采工作安全，在回采中段上部至少应有30～40m厚的松散岩石垫层。

四、全面采矿法

（一）适用条件

适用全面采矿法的条件如下：

（1）围岩稳固，对矿体的稳固性无要求；

（2）缓倾斜矿体，倾角不大于30°～40°；

（3）矿体厚度为2～4m，一般不大于5～7m。

（二）矿块构成要素

倾角大于5°的缓倾斜矿体，按分阶段回采方案考虑。此种布置是在井田划分阶段后，在矿体内以整个工作面沿走向全面推进，阶段斜长为40～60m，矿块长度为50～60m，顶底柱厚度为2～3m，间柱宽度为6～8m。

采矿方法见图5-2。

（三）采准工作

全面采矿法的采准工作比较简单，包括阶段运输巷道、

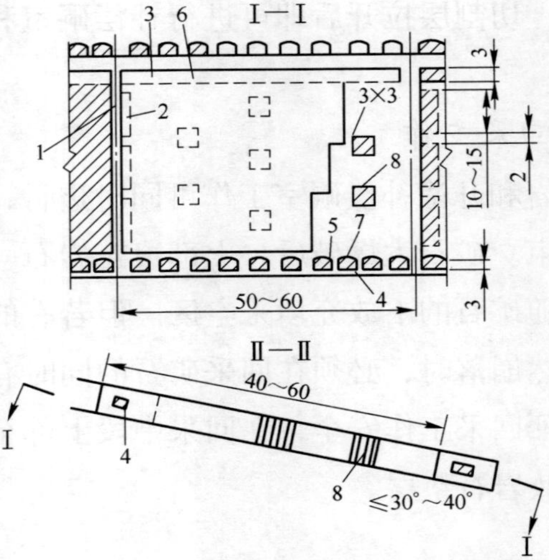

图 5-2　全面采矿法

1—上山；2—间柱；3—顶柱；4—阶段平巷；5—放矿漏斗；6—安全联络道；7—底柱；8—不规则矿柱

切割上山、联络道、电耙绞车硐室等。运输巷道开凿在脉内时，可不留底柱而直接装车，也可在采场内打放矿溜井，将矿石放至下一水平装车。当采用前进式回采时，阶段运输巷道的采准工作必须超前回采工作面 50～60m。

（四）回采工作

回采工作由切割上山开始向一侧或两侧全面推进，也可采用扇形工作面推进。通常采用浅孔凿岩爆破，当矿体较厚时也可使用中深孔。采场运搬多为电耙。

五、分段空场采矿法

（一）适用条件

适用分段空场采矿法的条件如下：

（1）围岩较稳固，矿体稳固性以不致发生片落和冒顶为原则；

（2）矿体倾角不得小于矿石的自然安息角，一般大于50°，若采取必要的技术措施，也可用于倾斜和缓倾斜厚矿体；

（3）一般多用于含夹层较少的矿体；

（4）矿体厚度大于8m。

（二）矿块构成要素

矿块构成要素包括以下几项：

（1）沿走向布置分段采矿法。阶段高度为50～70m，矿房长度为50～70m，矿房宽度等于矿体水平厚度，顶柱厚度为6～10m，间柱宽度为8～10m，采用电耙出矿时底柱高度为7～11m，采用放矿漏斗直接装车时底柱高度为4～6m，采用装岩机或铲运机出矿时，一般采用平底底部结构，不留底柱，采用中深孔凿岩时分段高度为8～12m，采用深孔凿岩时分段高度为15～20m。

（2）垂直走向布置分段采矿法。矿体厚度大于35m时，分段法矿房应垂直走向布置，构成要素与沿走向布置基本相似。当矿体厚度大于50～60m时，应在矿房之间留连续条带矿柱，矿房宽20～25m，矿柱宽15～20m，以保证顶板暴露面积在安全合理范围内，其他参数与沿走向布置相同，矿房采完并处理空区后，应采用适当的方式回采连续条带矿柱。

采矿方法见图5-3。

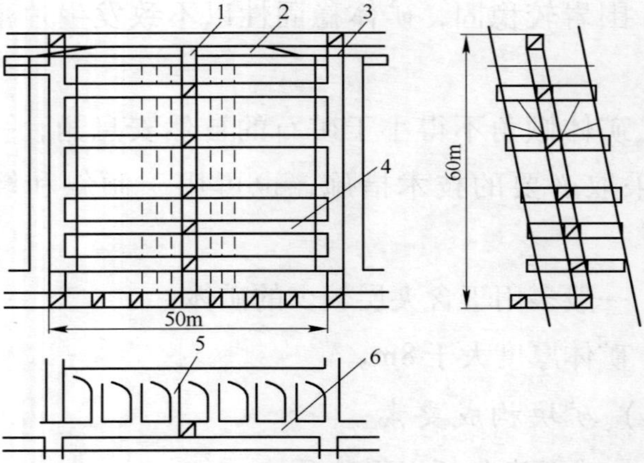

图 5-3 分段空场采矿法

1—切割天井；2—顶柱硐室；3—采准天井；
4—分段平巷；5—装矿机道；6—脉外巷道

（三）采准工作

采准工作包括阶段运输平巷、天井、电耙巷道、斗穿、斗颈、拉底平巷、分段凿岩平巷、破碎硐室、矿石溜井及切割天井、切割横向等。

（四）回采工作

回采工作包括拉底、切割和落矿三部分。拉底就是用浅孔、中深孔或深孔扩大放矿漏斗或V形受矿堑沟。在正常情况下，拉底工作应超前回采工作面1～2排漏斗。切割一般在矿房端部或中部，通过切割天井为初始自由面，在切割横向内钻凿上向平行中深孔或深孔，一次爆破形成切割立槽，切割立槽垂直矿房方向，宽3.5～4m。切割自由面可与拉底工作同时进行。落矿工作可以在分段巷道中用扇形炮孔进行，也可在分段巷道两侧的敞开进路中用平行炮孔进行。

第六篇

选矿技术与装备

第一章 概　　述

由于矿床类型不同，黑钨矿和白钨矿以及混合钨矿三种资源的选别技术条件有很大的差别。一般而言，黑钨矿为石英脉型，矿石中的矿物成分相对比较简单，有用的黑钨矿颗粒较粗，属于易选类矿石；而白钨矿主要是砂岩型、复合型（细脉浸染型-云英岩矽卡岩复合型），矿石中有用矿物和脉石矿物成分都比较复杂，有用矿物结晶粒度细，常呈浸染状嵌布于矿石中，多属难选矿石。黑钨矿石选矿以重力选矿为主，部分企业精选用干式强磁选；白钨矿石多采用浮选法选矿；黑白钨混合矿则综合了黑钨矿和白钨矿的选矿技术，当共（伴）生组分较多时，须综合回收其多种有用矿物。

第二章 黑钨矿选矿

第一节 黑钨矿选矿工艺

一、黑钨矿的特点

中国的黑钨矿多为石英大脉型或细脉型钨矿床，属气化高温热液型矿床，黑钨矿呈粗大板状或细脉状晶体在石英内富集，嵌布粒度较粗，易于分离。该类型的钨矿规模大，易选别，具有非常重要的工业价值。

二、黑钨矿选矿的原则流程

黑钨矿选矿的原则流程一般为：预先富集、手选丢废；多级跳汰、多级摇床、阶段磨矿、摇床丢尾；细泥归队处理、多种工艺精选、矿物综合回收（见图6-1）。

三、黑钨矿选矿的主要设备

黑钨矿选矿的主要设备有：颚式破碎机、圆锥破碎机、对辊破碎机、棒磨机、球磨机、跳汰机、水力分级机、摇床、浮选机、磁选机、电选机等。

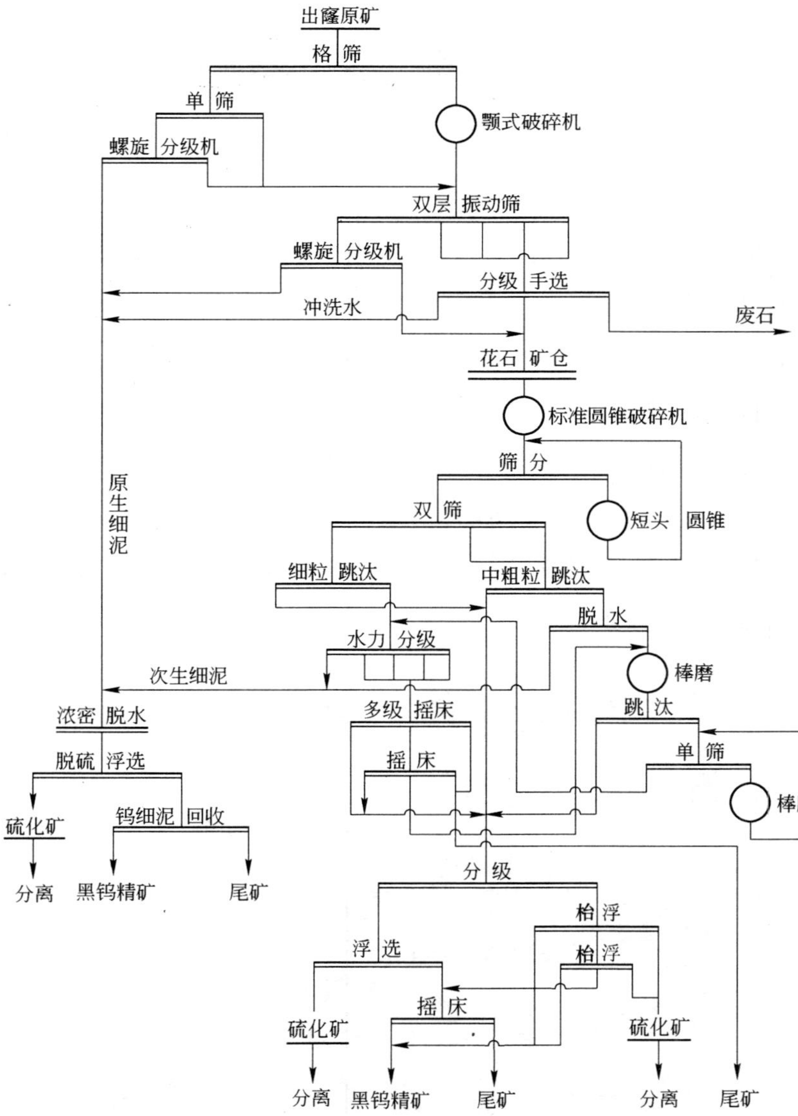

图 6-1 黑钨矿选矿的原则流程图

（花石指含有黑钨的矿块，品位介于块钨和废石之间；

块钨指在 50% 以上含少量脉石矿物的矿块）

第二节 黑钨矿选矿工艺流程

一、粗选

黑钨矿在石英脉石中为不均匀嵌布，在石英脉中大粒结晶体可达100mm以上，由于矿石性质和采矿过程中废石混入量较大，故在选矿中可根据黑钨矿围岩与脉石易于辨认的特点和表面物理性质的差异，进行粗选丢废。

目前手选仍是中国黑钨矿粗选丢废的主要手段（见图6-2）。一些用于预选的先进设备和方法尚未得到推广和使用，如光电选矿机、X射线辐射分选法、重介质预选法等。

图6-2 手选作业

黑钨矿碎矿作业一般采用三段一闭路破碎流程，粗碎采用旋回或颚式破碎机，中碎采用标准圆锥形破碎机，细碎采用短头型圆锥破碎机。原矿粗碎后经洗矿筛脱泥，按手选要求将矿石分成三个级别或四个级别进行反手选，细泥集中浓缩处理，反手选后的合格矿，破碎后进入重选作业。

为了提高黑钨矿的选矿回收率，黑钨选矿厂对粗选段预选丢废作业越来越重视，许多黑钨选矿厂根据原矿性质合理调整粗选段选别流程及手选矿石粒级的配置，在降低手选入选粒度下限等方面作了许多技术改造。部分黑钨矿选矿厂将动筛跳汰机用于粗选段细粒级手选的辅助作业，在降低预选丢废入选粒度和降低废石品位方面取得了实际成效，获得了一定的经济效果。

依据钨选矿“早收多收，早丢多丢”的原则，及早使黑钨矿在解离后回收，是提高钨选矿回收率的重要措施。部分黑钨矿厂在手选作业中单独选出块钨和富连生体，直接让其进入精选作业，避免了高品位块钨在破碎、磨矿、重选作业及皮带运输等环节中发生泥化损失，实现了“早收多收”，提高了钨的回收率。在图 6-3 所示的钨矿粗选工艺流程中，就结合使用了这几种工艺技术，提高了钨的回收率，降低了粗选段钨的损失。

二、重选

中国黑钨矿选矿厂重选作业一般采用黑钨矿选矿的经典重选流程，即多级跳汰、多级摇床、中矿再磨的流程。细碎

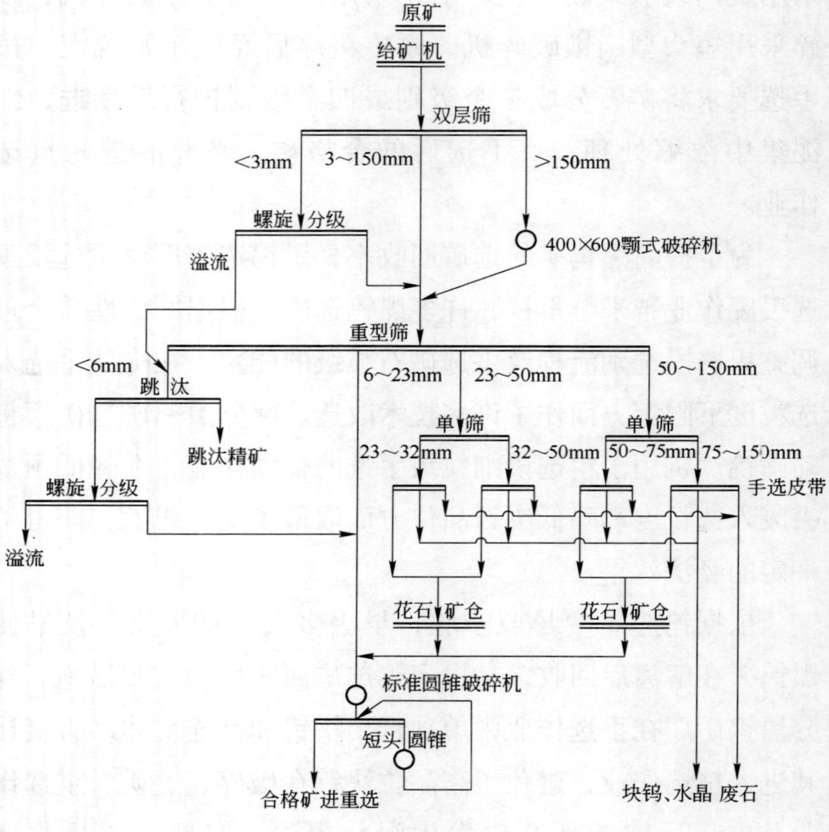

图 6-3　某钨矿粗选的工艺流程图

后的合格矿经振动筛分级后进行多级跳汰，产出跳汰重选毛砂，粗粒级跳汰尾矿进入棒磨机或球磨机再磨，细粒级跳汰尾矿经水力分级机分级后进入多级摇床，一粗一扫生产出摇床重选毛砂，摇床尾矿排入尾矿库，摇床中矿返回再磨再选，跳汰和摇床的重选毛砂进入精选作业。黑钨矿重选作业原则流程如图 6-4 所示。

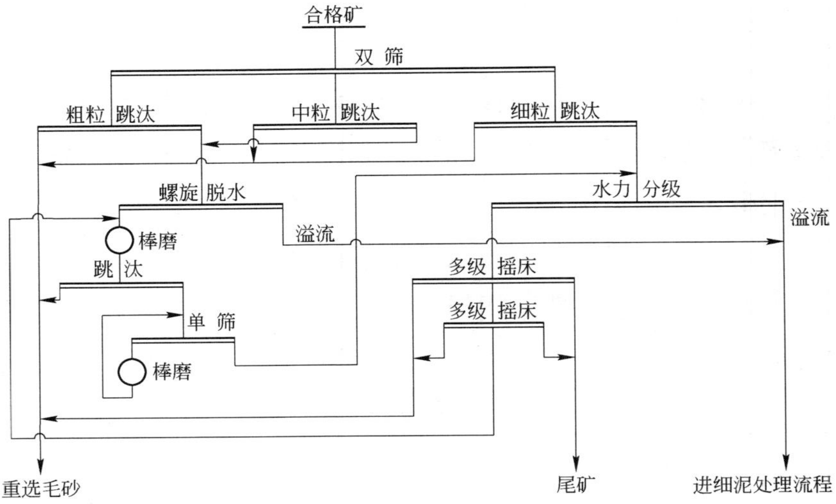

图 6-4　中国黑钨矿经典重选原则流程图

跳汰早收、摇床丢尾是重选流程的核心，黑钨矿三级跳汰和多级摇床的重选流程结构多年来基本没什么变化，但各矿山根据矿石性质特点及流程特点，通过改进重选工艺参数来提高黑钨矿的选矿效率。比如合理调整摇床粒级范围、提高水力分级效率以保证摇床选别效果，应用高效跳汰机和筛分设备等。设备是重选作业的关键，黑钨矿选别中进一步推广应用了动筛跳汰机。动筛跳汰机由于跳汰室床层筛网的上下振动与水介质运动相结合，能获得比普通隔膜跳汰机更大的冲程，因而具有选别粒度大(上限可达 40mm)、处理能力强、选别效率高、耗水量小的特点。用动筛跳汰机代替传统的隔膜跳汰机，不仅可以提高作业回收率，还可大幅降低用水量。部分黑钨矿将动筛跳汰机用于洗矿溢流返砂的选矿，取得了较好的效果。

三、精选

在黑钨矿精选作业段，重选毛砂经除铁、脱硫、脱硅等精选作业后得到钨精矿。除重选和浮选外，磁选和电选也广泛应用在黑钨精选作业段，主要用于黑钨矿与白钨矿、黑钨矿与锡石、白钨矿与锡石以及铁磁性物质的分离。

黑钨矿精选一般采用浮-重联合或浮-重-磁联合的多种选别工艺，并在精选段对伴生元素进行回收（见图 6-5）。由

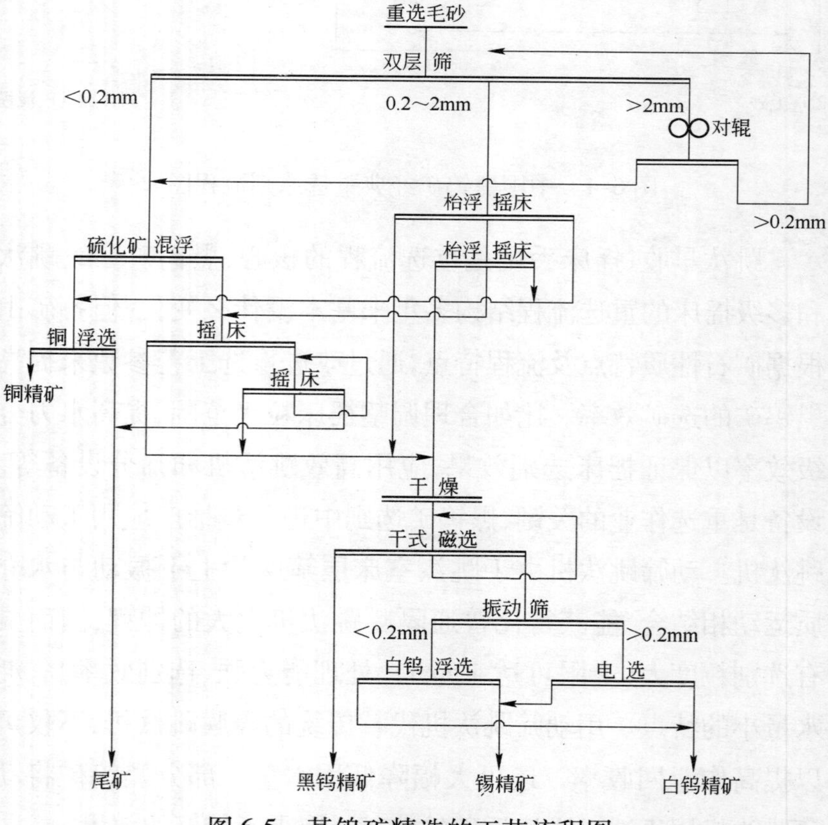

图 6-5　某钨矿精选的工艺流程图

于原矿中的矿物含量和种类以及钨矿物、硫化矿物所占比例等因素的差异，各矿山选矿厂精选段选别流程存在一定差异。在精选作业中，一般通过粗细粒枱浮（见图6-6）和浮选脱除硫化矿，枱浮和机浮硫化矿合并进入硫化矿浮选分离，枱浮和机浮黑钨矿进一步通过重选生产出黑钨精矿，如果黑钨精矿中含有白钨矿或锡石，则可通过重选-浮选或重选-浮选-磁选（电选）等联合流程选出黑钨精矿、白钨精矿和锡精矿。

图6-6　枱浮作业

精选采用的浮-重-磁-电联合选矿工艺中，首先通过枱浮和机浮脱硫，枱浮和机浮硫化矿浮选回收铜，脱硫后钨中矿经摇床、干式磁选选出黑钨精矿，磁选尾矿经筛分后通过细粒浮选、粗粒电选实现白钨矿和锡石的分离。

黑钨矿选矿厂的精选车间大都间断作业，流程比较灵活，有的甚至较复杂。所用的设备也较特殊，例如，盘式电选机（见图6-7）、卧式搅拌机（见图6-8）、立浮机（见图6-9）等。

图6-7 盘式电选机

图6-8 卧式搅拌机

图6-9 立浮精选作业

四、细泥处理

细泥单独处理是中国钨锡选矿厂的特色。黑钨矿性脆，易过粉碎，据统计，细泥的数量和金属量一般占出窿原矿量的11%～14%，细泥回收率约占总回收率的3%～8%。有效提高细泥回收率对提高钨的综合回收率和有价金属的综合回收以及矿山经济效益至关重要。

各黑钨矿山一般都对细泥进行单独处理。细泥处理的一般流程为：首先进行脱硫，然后根据细泥物料的性质通过重选、浮选、磁选、电选等选别工艺或几种工艺的联合选别工艺，对钨矿物进行回收，同时对伴生金属矿物进行综合回收利用（见图6-10）。细泥矿物的组成比较复杂，物料中重矿物的含量和种类，黑钨、白钨及硫化矿所占比例，脉石矿物性质以及开采矿体矿物特性变化等因素都对细泥的选矿产生一定的影响。

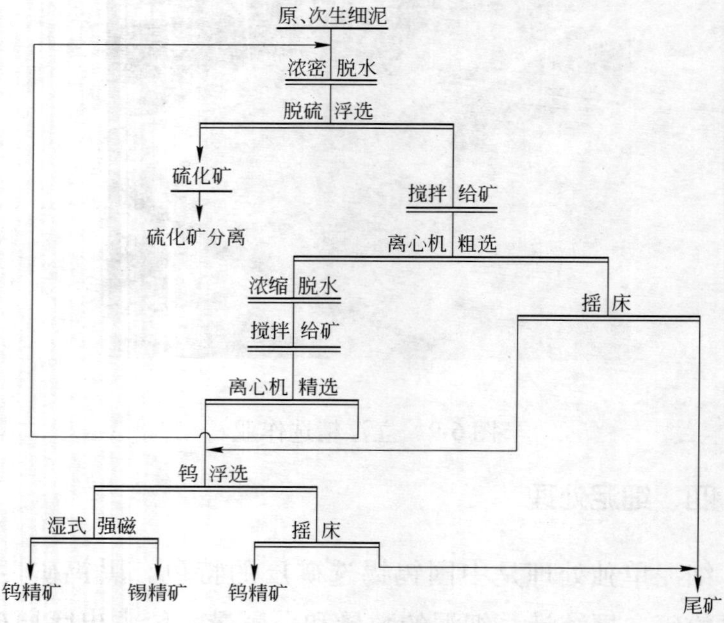

图 6-10　某钨矿细泥作业的工艺流程图

第三章　白钨矿选矿

第一节　白钨矿的特点

中国的白钨矿型钨矿资源主要是砂岩型、复合型（细脉浸染型-云英岩矽卡岩复合型），常与多种钼铋等有色金属伴生或共生，有用矿物嵌布粒度较细，多呈浸染状嵌布于矿石中。白钨矿达到理想的解离粒度大多属于浮选粒度范围，而且白钨矿的浮选性能也优于黑钨矿，因此白钨矿选矿工艺流程以浮选为主。

第二节 白钨矿的选矿工艺及流程

白钨矿浮选一般分为硫化矿浮选、钨粗选和精选。硫化矿浮选的原则流程与普通硫化矿浮选厂相似，只是因含铜铅锌铋以及黄铁矿的组分不同而异。白钨矿粗选一般采用碳酸钠和水玻璃做调整剂，用脂肪酸类捕收剂浮选，也有部分选矿厂用螯合捕收剂；粗精矿白钨矿的精选工艺目前主要有两类，一类为加温浮选，另一类为常温浮选（见图 6-11）。

第四章 黑白钨混合矿选矿

第一节 黑白钨混合矿的特点

黑白钨矿共生矿属难选矿石，其特点是钨品位低，嵌布粒度细，黑白钨与多种有用矿物密切共生，脉石矿物组成复杂，通常需要复杂的工艺流程进行处理。

第二节 黑白钨混合矿选矿的原则工艺流程

黑白钨混合矿选矿的关键在于黑白钨矿物的充分回收以

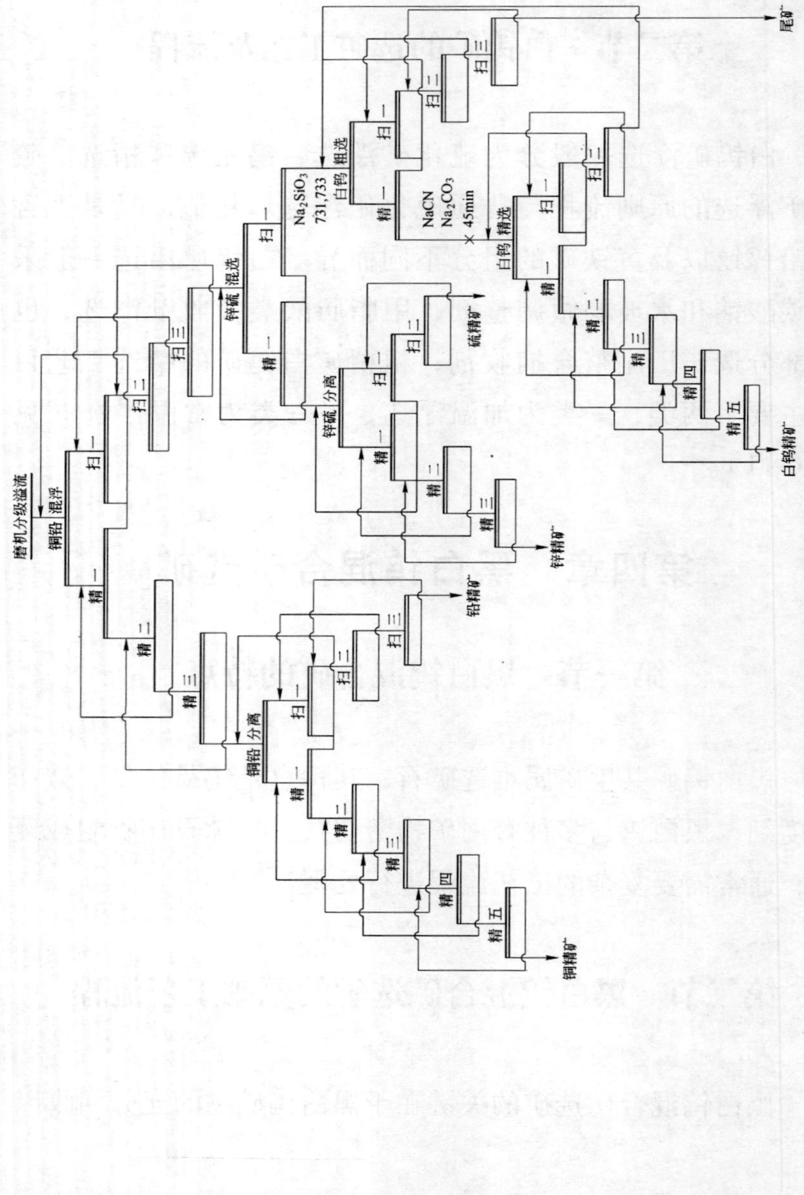

图 6-11 某钨矿常温浮选工艺流程图

及综合回收共（伴）生矿物。目前对于黑白钨混合矿的选别，一般采用硫化矿浮选及分离-黑白钨混浮-白钨粗精矿加温精选-黑钨细泥浮选的主干全浮流程，也有采用重浮原则流程的。

第三节　柿竹园法

柿竹园多金属矿是特大型钨钼铋矿床，矿石综合利用价值高，具有极高的经济价值和战略意义。柿竹园矿床属云英岩-矽卡岩型钨钼铋多金属矿，矿体集中厚大，形态简单，有用矿物品种多，共生关系十分密切，矿石物质组分复杂，属难选矿石，主要体现在：（1）矿物种类多，成分复杂，各种矿物之间共生关系复杂，主要有用矿物为白钨矿、黑钨矿、辉钼矿、辉铋矿、萤石等；（2）有用矿物呈细粒不均匀嵌布，原矿需被磨至 -200 目（小于 0.074mm）颗粒达到 90% 以上才能基本单体解离，钨性脆，密度大，易过粉碎；（3）钨矿物以白钨矿和黑钨矿为主，黑白钨共生交代蚀变严重，可浮性差别大，一般浮选时要求的工艺条件和介质条件各不相同；（4）白钨矿、萤石、方解石、石榴石同为含钙矿物，可浮性相近，分离困难。由于矿石选矿难度大，长期以来柿竹园多金属矿的选矿指标较低。在国家“八五”、“九五”科技攻关中，由湖南柿竹园有色金属有限责任公司、北京矿冶研究院、广州有色金属研究院、长沙有色冶金设计研究院等单位联合攻关，提出了以主干全浮流程为基础，以螯合捕收剂浮选为核心的钼铋等可浮、铋硫混浮、黑白钨混合浮选、钨粗精矿加温精选、黑钨细泥浮选的综合选矿新技术——柿竹园法。其原则流程图如图 6-12 所示。

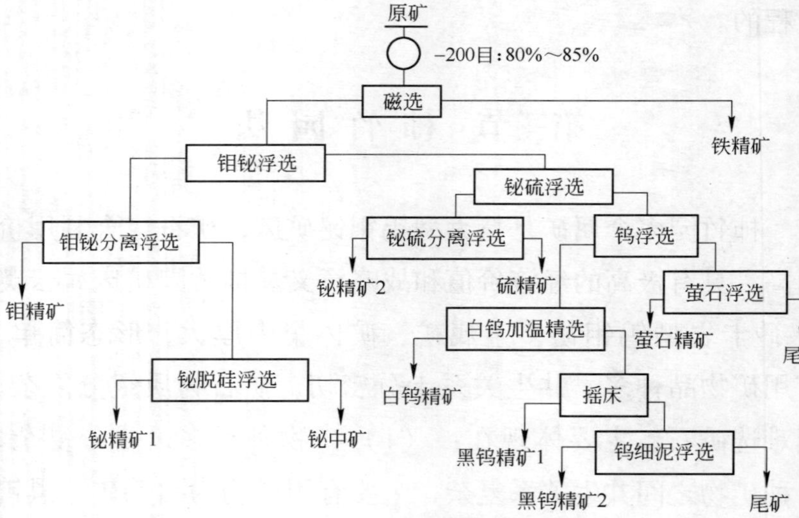

图 6-12 柿竹园法原则流程图

柿竹园法包含了多项关键技术和创新成果，如高效的钼铋等可浮-铋硫混浮-分离工艺、高效螯合捕收剂混合浮选黑钨矿和白钨矿新工艺以及黑钨细泥和萤石浮选新工艺等。柿竹园法在工业中实施取得了良好的选矿指标，使用螯合捕收剂实现了黑钨矿和白钨矿的混合浮选，解决了多年来黑钨矿和白钨矿必须用不同选矿方法分步回收，以及白钨矿与含钙矿物难以浮选分离的两大难题。首次采用螯合捕收剂和组合抑制剂的钨细泥浮选新工艺，有力地促进了柿竹园多金属矿选矿技术的发展，同时也为难选黑白钨混合矿的选矿提供了一条新的途径。柿竹园法在黑白钨混选中采用浮选柱代替浮选机，与常规浮选机相比，浮选柱（见图 6-13）具有占地面积小、节水、能耗低等特点，同时还提高了黑钨矿细粒级的浮选回收率。

图 6-13　浮选柱选别

第五章　国内外选矿工艺、设备对比

根据资料显示，中国大型黑钨矿山黑钨矿回收水平高于国外钨矿山，但白钨矿的回收率较国外钨矿山有一定差距。这一方面是由于国外白钨矿资源质量较好，原矿品位高，矿石易选别；另一方面是因为国外对白钨矿的回收多采用选冶联合流程，用浮选出的低品位精矿进行化学处理，生产合成白钨或仲钨酸铵，可以保证较高的金属回收率，取得更大的经济效益。

采用选冶联合流程，选矿只产出低品位精矿（15% ~

30%），选矿回收率可高达90%～95%。如奥地利米特希尔（Mittersill）选厂采用浮选-水冶联合流程，从原矿品位为0.7%～0.8% WO_3 的白钨矿中浮选生产出30%的白钨精矿，选矿回收率高达95%，然后用苏打高压浸出工艺把精矿处理为仲钨酸铵，选冶总回收率达90%～93%。

瑞典伊克斯约贝格钨矿为矽卡岩型白钨矿，采用两段式浮选工艺，先分选黄铜矿，再分选白钨，最终精矿品位可提高至73%～77% WO_3，回收率达85%。

在国外较普遍地采用了高效率的磨矿、重选及自动化设备，如尼尔森选矿机在葡萄牙Panasquiera钨矿和北美钨业Cantung钨矿的尾矿处理中得到了较好的应用。而在中国钨矿山特别是黑钨矿中，新设备的应用几乎没有，大部分黑钨矿山采用的是陈旧的选矿设备，像丹佛式跳汰机、A型浮选机、盘式磁选机等许多设备都是20世纪七八十年代甚至五六十年代的设备，设备老化，能耗高，劳动作业率低。有些矿山还采用自制设备甚至实行半手工、手工作业，不仅劳动效率低，劳动强度大，生产稳定性也受到很大影响。

中国钨矿山的自动化控制水平极低，除柿竹园等少数几家选厂外，大部分选厂没有采用选矿过程的自动化控制。国外钨选厂虽未实现全盘自动化，但比较普遍地实行了检测仪表化和重点部位的自动化。国外钨选厂在选矿自动化方面研究的最大进展在磨矿与浮选方面，同时也逐渐向重选及磁选领域发展。米特希尔（Mittersill）选厂所有重要测试数据的信号都集中在中心控制站，并受工艺流程支配与全厂线路相通。实现自动化不只是为了节省劳动力，更重要的是有利于稳定生产操作，实现过程最佳化，以提高选矿技术经济指标和劳动生产率，国外钨选厂的全员劳动生产率一般在5吨钨精矿/(人·年)以上，高者可达20吨/(人·年)以上，而中国大部分选厂的劳动生产率在1.5吨/(人·年)左右，个别选矿厂甚至小于1吨/(人·年)。

第七篇

钨冶炼技术与装备

第一章　概　　述

第一节　钨冶炼的原料

钨冶炼的原料分矿物原料与二次原料两种。

一、矿物原料

钨冶炼的矿物原料主要为钨矿经选矿后得到的选矿产品。主要有黑钨精矿、白钨精矿、难选黑白钨混合中矿等。根据中国有色金属工业行业标准（YS/T 231—2007），各种钨精矿及混合矿的成分如表 7-1 所示。

表 7-1　钨精矿及混合矿的化学成分（质量分数）　（%）

品种			WO_3	杂质含量（不大于）									用途举例
类型	类别	品级	(不小于)	S	P	As	Mo	Ca	Mn	Cu	Sn	SiO_2	
黑钨精矿	Ⅰ类	特级	68	0.4	0.03	0.10	—	5.0	—	0.06	0.15	7.0	优质钨铁、直接炼合金钢
		一级	65	0.7	0.05	0.15	—	5.0	—	0.13	0.20	7.0	钨铁
		二级	60	0.7	0.05	0.20	—	5.0	—	0.15	0.20	—	

续表 7-1

品种			WO_3（不小于）	杂质含量（不大于）									用途举例
类型	类别	品级		S	P	As	Mo	Ca	Mn	Cu	Sn	SiO_2	
黑钨精矿	Ⅱ类	一级	65	0.7	0.10	0.10	0.05	3.0	—	0.25	0.20	5.0	仲钨酸铵、硬质合金、钨材、钨丝、触媒
		二级	65	0.8	0.10	0.15	0.05	5.0	—	0.25	0.25	7.0	
		三级	60	0.9	0.10	0.15	0.10	5.0	—	0.30	0.30	—	
		四级	55	1.0	0.10	0.15	0.20	5.0	—	0.30	0.35	—	
		五级	50	1.2	0.12	0.15	0.20	6.0	—	0.35	0.40	—	
白钨精矿	Ⅰ类	特级	68	0.4	0.03	0.03	—	—	0.5	0.03	0.03	2.0	直接炼合金钢、优质钨铁
		一级	65	0.7	0.05	0.15	—	—	1.0	0.13	0.20	7.0	钨铁
		二级	60	0.7	0.05	0.20	—	—	1.5	0.25	0.20	—	
	Ⅱ类	一级	65	0.7	0.10	0.10	0.05	—	1.0	0.25	0.20	5.0	仲钨酸铵、硬质合金、钨材、钨丝、触媒
		二级	65	0.8	0.10	0.10	—	—	1.5	0.25	0.20	7.0	
		三级	60	0.9	0.10	0.15	—	—	2.0	0.30	0.20	—	
		四级	55	1.0	0.10	0.15	—	—	2.0	0.30	0.35	—	
		五级	50	1.2	0.12	0.15	—	—	2.0	0.30	0.40	—	
混合钨精矿			65	0.7	0.10	0.10	—	—	—	0.25	0.20	5.0	仲钨酸铵、硬质合金……
钨细泥			30	2.0	0.50	0.30	—	—	—	0.5	—	—	

二、二次原料

钨的二次原料包括所有废旧的有回收价值的含钨物料，如废含钨合金钢、废含钨催化剂、废硬质合金、废钨基合金、废钨材，以及历年来冶炼过程、选矿过程遗留下来的含钨较高、有回收价值的各种废渣等。

二次钨资源的回收不仅具有较大的经济价值，更重要的是有重大的社会意义。它一方面能延长作为战略元素的钨资源为人类服务的年限，保证国民经济的可持续发展；另一方面可减少废旧物质对环境造成危害。

钨冶金二次资源的成分是多种多样的，取决于它在报废以前所应用的领域和具体用途以及对二次资源的分类管理水平。不同类别的钨冶金二次资源的大致成分如表 7-2 所示。

表 7-2 中废旧合金钢及废旧金属钨制品的回收处理方法主要是回炉熔铸，重新制备合金钢，因此钨冶金中很少回收处理此类物料。当前钨冶金中回收处理的主要是废旧硬质合金、废钨基合金和废催化剂。

表 7-2　某些钨冶金二次资源的大致成分

物料名称	大致成分/%
废旧硬质合金	钨钴类：80～97WC；20～3Co 钨钴钛类：66～85WC；30～5TiC；4～10Co 钨钴钛钽类：82～84WC；4TaC；6TiC；8～6Co
废旧合金钢	高速工具钢类：12～18W;4Cr;0.7～1.5C;5～8Co;1～5V 热作工具钢类：9～18W；2～12Cr；0.25～0.5C 钼热作工具钢类：1.5～6W；5～8Mo；4Cr；1～2V；0.6C 铬热作工具钢类：1.5～7W；5～7Cr；0.35～0.55C
废旧金属钨制品	约 100W
废钨基合金	50～80W，其余为 Cu 或 Fe、Ni
废催化剂	20～30WO_3；>60Al_2O_3；1～7NiO；此外可能含 Mo、V 等有价元素
选矿、冶炼废渣	3～5WO_3

第二节 钨冶炼的产品

钨冶炼的产品主要有仲钨酸铵（APT）、三氧化钨（黄色氧化钨）、蓝色氧化钨、紫色氧化钨、钨粉、偏钨酸铵、碳化钨等。其中仲钨酸铵为主要产品或中间产品，其他的钨冶金产品都是以仲钨酸铵为原料生产的。

第三节 钨冶炼过程的主要阶段

当前各钨冶炼厂所用的生产流程繁多，但总的说来，这些流程主要由三个主要阶段组成。

一、钨矿物原料的分解

钨矿物原料中的 WO_3 都是与伴生元素（如黑钨矿中的铁、锰，白钨矿中的钙）牢固结合在一起的，同时不溶于水。矿物原料分解的任务是将钨矿物原料与化学试剂作用，使其中的 WO_3 与主要伴生元素分离，同时转化成易溶于水的 Na_2WO_4 形态。

当前工业上钨矿物原料分解的主要方法有 NaOH 分解法、苏打压煮法、$NaOH\text{-}Na_3PO_4$ 分解法、NaF 分解法等，它们都是在水溶液中进行的。

在个别情况下，亦有企业采用 20 世纪中期的苏打烧结

法从 WO_3 含量低至3%的冶炼废渣中回收 WO_3。

二、Na_2WO_4 溶液的净化与转型

矿物原料分解所得的粗 Na_2WO_4 溶液中含有某些杂质及有价元素，如 P、As、Si、Mo 等。净化与转型的目的是除去上述杂质，并回收有价元素（Mo），同时将钨由 Na_2WO_4 形态转化成（NH_4）$_2WO_4$ 形态，进而产出仲钨酸铵。

净化转型的常用方法有强碱性阴离子交换净化与转型法、镁盐净化-叔胺萃取（或弱碱性阴离子交换）转型法、经典的化学净化与转型法。

三、金属钨粉的制取

将制备的仲钨酸铵首先煅烧得到 WO_3 或蓝钨、紫钨后，用氢还原得到钨粉。制取过程视还原所用钨氧化物种类的不同，可分为黄钨（WO_3）氢还原法、蓝钨氢还原法和紫钨氢还原法。

第四节　钨冶炼工艺原则流程

一、离子交换工艺

NaOH 分解—强碱性阴离子交换除 Si、P、As 并转型—除钼工艺，通常简称为“离子交换工艺”。它是中国自行研

发，具有国际领先水平的工艺，在国内应用最广，其总生产能力占全国的85%左右。

本工艺的原则流程如图7-1所示。钨矿物原料（包括白钨精矿、黑钨精矿、黑白钨混合的难选钨中矿等）首先与

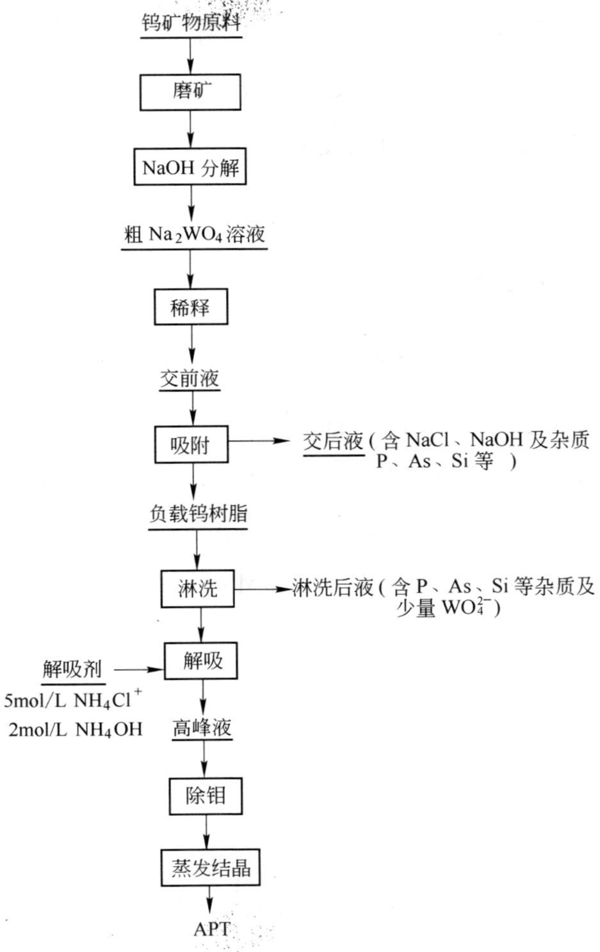

图7-1 NaOH分解—强碱性阴离子交换工艺处理钨矿物原料生产APT的原则流程

NaOH 溶液混合进行 NaOH 分解（亦有的采用 $NaOH-Na_3PO_4$ 分解），使原料中的 WO_3 以 Na_2WO_4 形态进入溶液。

粗 Na_2WO_4 溶液中含 P、As、Si、Mo 等杂质，用 Cl^- 型强碱性阴离子交换树脂进行吸附，使 WO_4^{2-} 进入树脂相，而 P、As、Si 等杂质保留在交后液中排放。吸附有 WO_4^{2-} 及 MoO_4^{2-} 的树脂再用 $NH_4Cl + NH_4OH$ 溶液解吸，得到 $(NH_4)_2WO_4$ 解吸液，再除钼后，蒸发结晶得仲钨酸铵（APT）。

二、萃取工艺

NaOH 分解—镁盐沉淀除 P、As、Si—MoS_3 沉淀除钼—叔胺萃取转型工艺，通常简称为“萃取工艺”。

本工艺的原则流程如图 7-2 所示，其钨矿物原料分解部分与上述离子交换工艺相同，采用 NaOH 分解法。所得的粗 Na_2WO_4 溶液中含有 As、P、Si、Mo 等杂质，先用镁盐沉淀法除 P、As、Si，再用 MoS_3 沉淀法除钼，所得的纯 Na_2WO_4 溶液用叔胺萃取转型得到 $(NH_4)_2WO_4$ 溶液，再蒸发结晶得仲钨酸铵（APT）。

三、季铵盐碱性萃取工艺

除上述离子交换工艺和萃取工艺外，近来国内外学者在试验规模下开发了苏打压煮—季铵盐萃取除 P、As、Si 并转型—除钼工艺（简称“季铵盐碱性萃取工艺”），用以处理

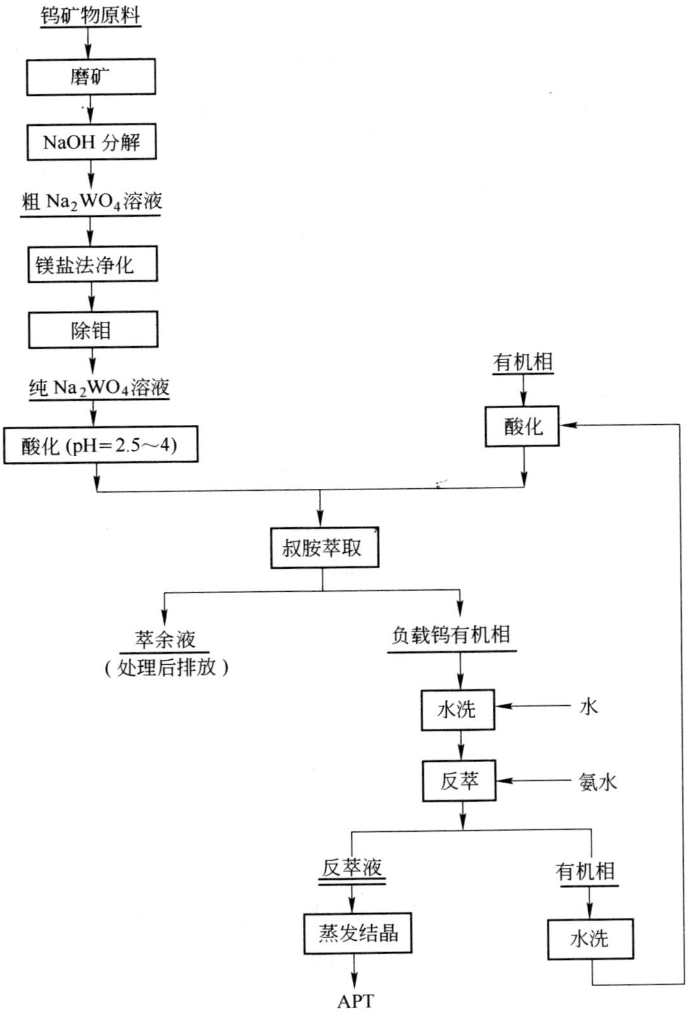

图 7-2 NaOH 分解—镁盐净化—叔胺萃取工艺处理钨矿物原料生产 APT 的原则流程

低品位白钨中矿。其原则流程如图 7-3 所示。

本工艺的特点是矿物原料的分解阶段采取苏打压煮，使

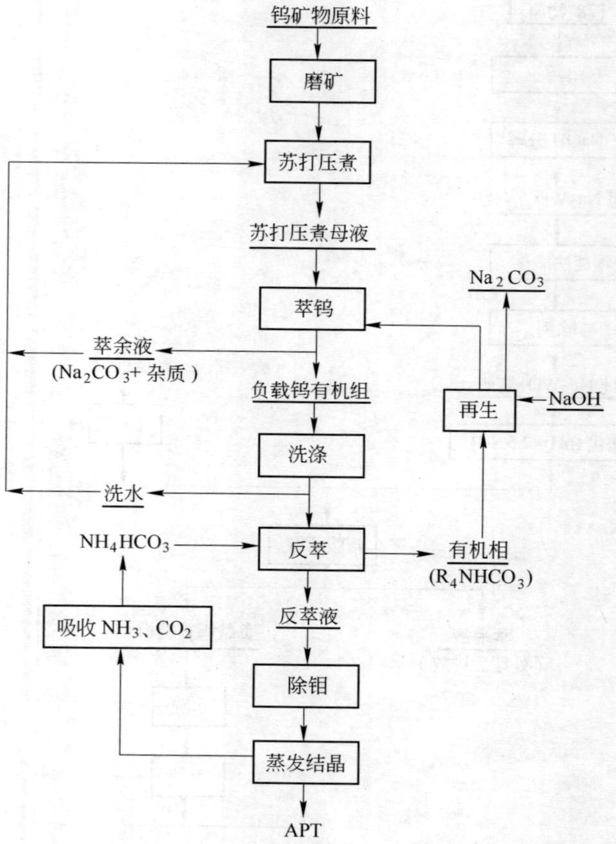

图7-3 苏打压煮—季铵盐碱性萃取工艺处理
钨矿物原料生产APT的原则流程

钨以 Na_2WO_4 形态进入压煮母液。压煮母液除含 Na_2WO_4 外还含有过剩的 Na_2CO_3 以及少量的P、As、Si、Mo等杂质，用 CO_3^{2-} 型季铵盐萃取使钨进入有机相，含 Na_2CO_3 及少量杂质的萃余液则可返回苏打压煮过程。负载钨的有机相用

NH_4HCO_3 溶液反萃后得到 $(NH_4)_2WO_4$ 溶液，后者经除钼后，蒸发结晶得 APT。从图 7-3 可知，本工艺实现了 Na_2CO_3 及 NH_3、CO_2 的循环利用，其环境效益较好。

第二章　钨矿物原料的分解

第一节　氢氧化钠分解（也称碱压煮）法

一、磨矿

生产过程中钨矿物原料首先应磨细至 98% 左右的原料粒度小于 43μm，磨矿过程可在三筒振动球磨机或双筒振动球磨机中进行。但是前者已逐步被淘汰，越来越多的企业采用双筒振动球磨机。对 800L 的双筒振动球磨机而言，每小时可磨矿 800kg 左右。

二、碱压煮

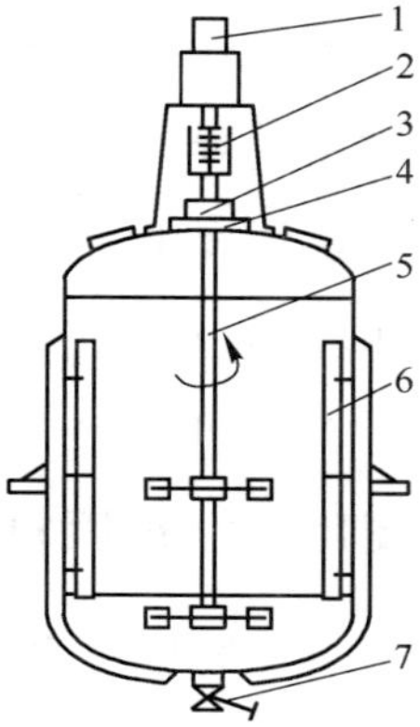

图 7-4　高压釜结构示意图

1—电动机及减速机；2—联轴节；3—机械密封；4—中间轴承；5—搅拌装置；6—挡板；7—出料口

磨矿后的碱压煮过程在高压釜内进行。高压釜的简单结构如图 7-4所示。釜体一般由锰钢制成，设有搅拌器进行搅拌，釜体密封良好。最高工作温度可达 200 ~

220℃，耐压为2.5MPa左右。高压釜可用夹套蒸汽加热（相应地应配备高压锅炉）、高温油加热或远红外加热。目前远红外加热应用得最广。

三、主要参数

处理钨矿物原料时，其主要参数为：

温度：160℃左右，应当指出的是，当前许多企业在碱压煮处理白钨矿或黑白钨混合矿时，用Na_3PO_4或H_3PO_4代替部分NaOH，由于PO_4^{3-}与$Ca(OH)_2$生成稳定的$Ca_3(PO_4)_2$或$Ca_5(PO_4)_3OH$，防止了生成二次白钨的逆反应的进行，因此工作温度或压力可适当降低；

保温时间：2~3h；

液固比：为保证搅拌系统的正常运行，一般为1∶1左右。对黑钨精矿而言可小至0.9∶1，对低品位白钨中矿则为(1.1~1.2)∶1；

加料量（按每立方米釜的容积计）：处理黑钨精矿时为0.5t左右，处理低品位白钨中矿时为0.4t左右；

碱用量：视原料的种类和品位而异，如表7-3所示。

表7-3 NaOH分解法处理不同钨原料时的碱用量及可达到的渣含WO_3量

原料	低钙黑钨精矿	白钨精矿（$w(WO_3)>60\%$）	黑白钨混合中矿（WO_3为50%左右）	白钨中矿（WO_3为50%左右）	白钨中矿（WO_3为30%左右）
碱用量/理论量倍数	1.5~1.6	2.5~2.6	3.5左右	3.5~4.0	4.0~4.5
渣中含WO_3量/%	0.5~1	1.5~2.0	1.5~2.0	1.5~2.0	1.5~2.0

第二节 氢氧化钠-磷酸盐分解法

NaOH 能有效地分解黑钨矿，但在分解白钨矿时，由于生成的 $Ca(OH)_2$ 在卸料、稀释、过滤过程中与 Na_2WO_4 发生逆反应，生成二次白钨以致渣中含 WO_3 量升高。针对上述不足，近十年来中国钨工业科技人员开发了氢氧化钠-磷酸盐联合法处理黑白钨混合矿及白钨精矿，其中 NaOH 主要分解黑钨矿，同时与 Na_3PO_4 一道高效地分解白钨矿。

钨矿物原料的 Na_3PO_4-NaOH 分解一般在高压釜内进行，其工艺过程与碱压煮过程基本相同，即钨精矿经振动球磨至98%以上的原料粒径小于43μm后与 Na_3PO_4、NaOH 一道加入高压釜，控制一定工艺条件进行反应后，卸料液固分离，得到 Na_2WO_4 料液。

本工艺的特点是分解率高，生成的渣 $Ca_5(PO_4)_3OH$ 性能稳定，不会在卸料和洗涤过程中与 Na_2WO_4 发生逆反应。其堆放过程中也不会造成二次污染。

本工艺的不足之处主要在于所得的 Na_2WO_4 溶液中含磷量较高，达2g/L左右，给后续工序带来一定的困难。

第三节 苏打压煮法

一、磨矿

工业生产中首先采用磨矿以减小矿物的粒度，粒度达到要求后则送苏打压煮。其具体要求及设备与 NaOH 分解过程大体相同。

二、压煮

压煮设备有立式釜和卧式釜两种。立式釜的结构与 NaOH 分解所用的高压釜大同小异。卧式釜的结构如图 7-5 所示。釜体由低合金钢焊成，直径约为 1.5 ~1.8m，长 10 ~15m，壁厚 25 ~30mm，转速一般为 23r/min，釜内装球，在旋转过程中能清除釜壁上的结垢，蒸汽及料浆分别通过蒸汽管及料浆管通入釜内。

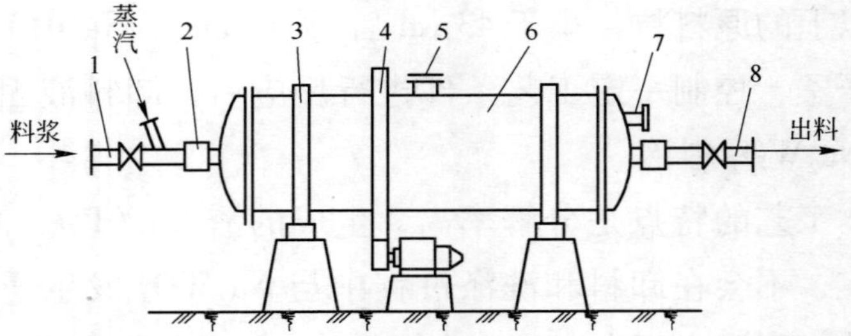

图 7-5 卧式釜的结构示意图

1—进料管；2—填料密封箱；3—滚圈；4—齿轮；5—人孔；6—筒体；7—视孔；8—出料管

具体工艺过程有周期性操作和连续操作两种。周期性过程又分为一段压煮和两段逆流压煮。

苏打压煮过程的指标以处理品位为 45% WO_3 左右的中矿为例，大体如表 7-4 所示。

表 7-4 苏打压煮和 NaOH 分解过程的指标

（以品位 45% WO_3 左右中矿为例）

试剂用量（理论量倍数）		水/矿比	温度/℃	时间/h	渣含 WO_3 量/%	杂质 As 浸出率/%
苏打压煮法	Na_2CO_3 为 3.5 倍，另按其中黑钨量加 NaOH	约 3 ~ 3.5	200 ~ 220	2	约 0.5 ~ 1	< 1
NaOH 分解法	3.5 左右	1	150 ~ 160	2	1 ~ 2	2 ~ 5

表 7-4 中同时列出了 NaOH 分解法的指标。两者对比可知苏打压煮法的特点是回收率高、渣含 WO_3 量低。据报道，当处理品位低至 10% WO_3 左右的中矿时，渣含 WO_3 量可降至 0.2% 左右。但不足之处是过程中水/矿比大，即矿浆体积大，需要的反应釜多，相应能耗较高。

第三章 Na_2WO_4 溶液的净化与转型

第一节 镁盐沉淀法除磷、砷、硅、氟

一、概述

镁盐沉淀法净化除 P、As、Si、F 是基于 $Mg_3(PO_4)_2$、$Mg_3(AsO_3)_2$、$MgSiO_3$、MgF_2 的溶度积很小，如表 7-5 所示。

表 7-5 某些镁盐和铵镁盐的溶度积（25℃）

化合物	$Mg_3(PO_4)_2$	$Mg_3(AsO_4)_2$	$MgSiO_3$	MgF_2	$MgNH_4PO_4$	$MgNH_4AsO_4$	$Mg(OH)_2$
K_{sp}	1.62×10^{-25}	2.04×10^{-20}	1.29×10^{-12}	6.4×10^{-9}	2.5×10^{-13}	1.8×10^{-12}	5×10^{-12}

因此将粗 Na_2WO_4 溶液预先用酸中和，则大量的 SiO_3^{2-} 将水解成 H_2SiO_3 沉淀，再加入 $MgCl_2$ 或 $MgSO_4$ 溶液，则 PO_4^{3-}、AsO_4^{3-} 等将生成相应的镁盐沉淀。

二、镁盐沉淀法

镁盐沉淀的技术条件为：先用稀酸（例如盐酸：水 =1∶3）将 Na_2WO_4 溶液中和至碱度为（1 ±0.2）g/L 左右，煮沸，此时大量 SiO_3^{2-} 将水解成 H_2SiO_3 沉淀析出，再在沸腾条件下加入密度为 1.18 ~1.20g/L 的 $MgCl_2$ 溶液（或 $MgSO_4$ 溶液），保温 0.5h 左右，再过滤。溶液中 P、As、Si、F 含量可大幅降低到不大于 0.01g/L。

此外从表 7-5 亦可看出，在有足够 NH_4^+ 存在的条件下（例如加入 NH_4Cl），P、As 也可生成 $MgNH_4PO_4$、$MgNH_4AsO_4$ 沉淀析出。铵镁盐沉淀的反应多在常温下进行，沉淀为结晶状，易过滤。

第二节 离子交换法除磷、砷、硅、锡

一、概述

离子交换法是利用不溶于水的有机高分子化合物离子交

换树脂所具有的电离和离子亲和力功能、特性，当树脂与水溶液接触时，若水溶液中含有某种离子，且其对树脂的亲和力大于树脂上原有的离子时，则将发生离子交换过程，利用离子交换树脂的特性，人们可进行水溶液中离子的富集、杂质的去除和相似元素的分离。

在钨冶金中离子交换法得到广泛应用，其中实现产业化的有：强碱性阴离子交换法将粗 Na_2WO_4 溶液净化除 P、As、Si 并转型，弱碱性阴离子交换法将 Na_2WO_4 溶液转型。而前者在中国得到广泛应用，中国 85% 的 APT 生产过程采用了该工艺。本节主要介绍强碱性阴离子交换法净化 Na_2WO_4。

二、强碱性阴离子交换法净化 Na_2WO_4 溶液并转型

（一）主体设备

上述离子交换过程通常在固定式的离子交换柱内进行，其结构如图 7-6 所示。柱由钢板焊成，内衬环氧树脂，在柱体上端和下端设分布板 2、4，分布板上装水帽，以保证水流在横断面上的均匀分布，交换柱内装强碱性阴离子交换树脂，树脂装容率为 85% ~

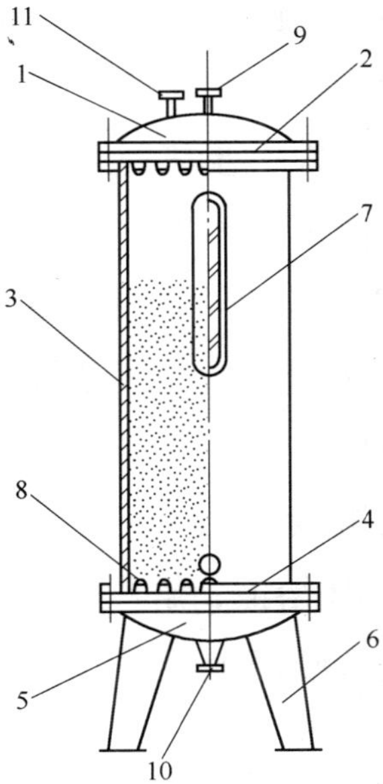

图 7-6　交换柱结构示意图

1—端盖；2—上分布板；3—柱体；4—下分布板；5—底盖；6—支撑角；7—窥视孔；8—水帽；9—进液口；10—出液口；11—排气口

90%，对 ϕ1.2m × 6m 的交换柱而言，加湿 201 ×7 树脂约3.5t。

交换柱的直径一般为1.2~2m，高度约为直径的5倍左右，根据国内实践，一般交换柱的直径不宜超过2m，高度不宜超过12m。

固定式离子交换柱的优点是：结构简单、可靠，吸附、解吸都在同一设备中进行，操作简单。主要缺点是：交换过程中交换反应仅在交换带内进行，饱和带和保护带处于休闲状态，因此利用率低；单位生产能力低；此外过程为周期作业。

（二）生产过程

离子交换法除杂质和转型的生产过程为：首先要将 NaOH 分解所得的粗 Na_2WO_4 溶液进行稀释得到交前液，随后将交前液以一定速度从柱顶流入柱内，当交后液中 WO_3 的浓度达到穿透状态时，用去离子水反复洗去树脂颗粒间夹杂的溶液，然后进行解吸，解吸剂为5mol/L NH_4Cl +2mol/L NH_4OH 溶液，解吸剂流速约为交前液流速的1/2左右。收集的解吸液中的高浓度部分（高峰液）送蒸发结晶制取 APT，低浓度部分返回作下次解吸剂或补充 NH_4Cl + NH_4OH 后作解吸剂。作为穿透吸附，每吨湿树脂可穿透交换 WO_3 的容量约为0.14~0.20t或每升湿树脂交换 WO_3 90~120g，视交前液的质量而定，好的情况下每升湿树脂可交换 WO_3 130g；差的情况下，不到其一半。单柱吸附每周期约为14~24h。

离子交换法可分为单柱操作法和串柱操作法。单柱操作法中吸附、解吸等过程都在一台交换柱中单独进行，各柱间不发生联系；串柱操作法一般是将3个或4个交换柱组成一组串联使用，先将交前液流入1号柱，直到穿透。穿透前的交后液中含 WO_3 量均小于0.1g/L，故直接处理排放，穿透后交前液继续流入1号柱，而流出的含 WO_4^{2-} 的交后液进入2号柱进行再次吸附，直到1号柱达到饱和，再将交前液改为由2号柱通入，2号柱穿透后再与3号柱串联，直至2号柱饱和，依此顺推。上述饱和有 WO_3 的1号柱再单独进行洗涤、解吸，解吸后再与其他柱进行串联。相对于单柱操作而言，其优点是有更多的 WO_4^{2-} 流过树脂层，因而能更有效地利用 WO_4^{2-} 置换（解吸）已被吸附的 AsO_4^{3-} 等杂质离子，柱内基本上不存在杂质含量相对较高的交换带，因而有利于提高产品纯度，同时解吸前柱内 WO_4^{2-} 基本饱和，故解吸剂的利用率高，解吸高峰液中 WO_3 浓度高，相应地每吨APT的 NH_4Cl 单耗少。试验证明，采用串柱吸附与串柱解吸后，相对于单柱操作而言，每克干树脂使 WO_3 的吸附容量增大约100mg，解吸高峰液中 WO_3 浓度提高约50～80g/L，NH_4Cl 的消耗可降低10%左右，此外产品纯度还有所提高。串柱操作的不足之处在于：在串联过程中同一份溶液要流经两个柱子，或者说两个柱子在处理同一份溶液，因而在流速不变的情况下，单位生产能力有所降低。

强碱性阴离子交换法净化 Na_2WO_4 溶液并转型的主要优点是除杂效果好。在单柱操作的条件下，除去率大体是：Sn为95%～98%、Si为90%～95%、P不小于90%、As为

90%左右，此工艺过程简单、操作简便、回收率高、适用性广。但其严重缺点是交前液中 WO_3 浓度一般不能超过 20g/L，因此碱分解所得的粗 Na_2WO_4 溶液要大量稀释，导致最终废水排放量大，同时废水中有害杂质也被稀释而难以治理。

第三节 有机溶剂液-液萃取法

一、概述

将不溶于水的有机相与水溶液接触，有机相中的萃取剂与水溶液中的某种物质反应，生成不溶于水而溶于有机相的化合物（萃合物），从而使该物质从水相进入有机相的过程称为有机溶剂液-液萃取。上述生成的难溶于水相而易溶于有机相的化合物称为萃合物。有机溶剂液-液萃取的全过程一般包括：萃取、洗涤、反萃、有机相的再生。萃取法在钨冶金中的应用主要有：叔胺萃取法将镁盐净化除 As、P、Si 及除钼后的纯 Na_2WO_4 溶液转型成（NH_4）$_2WO_4$ 溶液。

二、叔胺萃取法将纯 Na_2WO_4 溶液转型

叔胺萃取法在钨冶金中主要是用于将镁盐净化除 P、As、Si，MoS_3 沉淀法除 Mo 后的纯 Na_2WO_4 溶液转型为（NH_4）$_2WO_4$ 溶液。其原则流程参见图 7-2。

Na_2WO_4 溶液用镁盐方法除 P、As、Si，MoS_3 沉淀法除

Mo 后，调整 pH 值为2.5～4（一般用 MoS_3 沉淀法除 Mo 后，溶液的 pH 值已为2～4），然后与已酸化的有机相混合进行萃取，萃余液中含有的少量叔胺及其他有机物和硫酸盐等经处理后排放。负载钨的有机相经水洗后，用2～4mol/L 的 NH_4OH 溶液反萃得 $(NH_4)_2WO_4$ 溶液，反萃后的有机相经水洗并用硫酸酸化后，返回萃取过程。

第四节　钨 钼 分 离

一、概述

随着科技的进步，用户对钨冶炼产品中的杂质钼含量的限制日益严格。由于钨、钼为相似元素，同属元素周期表 $Ⅵ_B$ 族，性质十分相近，因此，为了将钨钼分离，人们研究发现利用在水溶液中钼对硫的亲和力大于钨这一亲疏性质的差异，采用 MoS_3 沉淀法、选择性沉淀法、离子交换法等工艺技术将钨钼分离。

二、MoS_3 沉淀法

MoS_3 沉淀法的实质是将含钼的 Na_2WO_4 溶液预先硫化，使钼优先转化成 MoS_4^{2-} 后，中和到 pH＝2.5～3，此时 MoS_4^{2-} 变成 MoS_3 沉淀，而钨变成相应的偏钨酸盐保留在溶液中。

MoS_3 沉淀法一般在耐酸搪瓷反应锅中分两步进行：首先进行硫化，即将含钼的 Na_2WO_4 溶液加热至80～90℃后，缓慢加入密度为 1.20 ~1.25g/cm^3（Na_2S 含量为 17% ~20%）的 Na_2S 溶液，Na_2S 用量为保证全部钼转化为 MoS_4^{2-} 后，溶液中游离 S^{2-} 含量为1.5 ~3g/L，控制pH值为7 ~7.5 进行硫化。硫化完成后，再进行调酸沉钼，即：将溶液煮沸，用1∶1 盐酸中和至 pH =2.5 ~4，继续煮沸 1.5 ~2h，再冷却。一般溶液中 Mo/WO_3 可降至0.01% ~0.1%，视料液的 Mo 含量和操作条件而异。

MoS_3 沉淀法为从 Na_2WO_4 溶液中除钼的有效方法，具有周期短（3 ~5h）、成本低的优点。其主要缺点是会产生有毒气体 H_2S，污染环境；同时由于中和时加入大量阴离子，因此从 Na_2WO_4 溶液中除钼时不能与我国通用的强碱性阴离子交换法净化和转型配套。此外由于 pH 值低，不能从 $(NH_4)_2WO_4$ 溶液中除钼。

当前 MoS_3 沉淀法除钼主要用于粗 Na_2WO_4 溶液经镁盐法除 P、As、Si、F 后再除钼。净化除钼后的纯 Na_2WO_4 溶液再用叔胺萃取法转型或弱碱性阴离子交换法转型。

三、选择性沉淀法

选择性沉淀法一般在搅拌槽中以常温状态分三个阶段进行：

（一）硫化

对 Na_2WO_4 溶液而言，采用 Na_2S 或 $NaHSO_4$ 为硫化剂，其具体参数参见上述 MoS_3 沉淀法；对 $(NH_4)_2WO_4$ 溶液而言，用 $(NH_4)_2S$ 为硫化剂，在常温下进行，$(NH_4)_2WO_4$ 溶

液不需加酸中和，硫用量比理论量过量 1.5 ~ 2g/L，硫化时间为 8 ~ 10h。

（二）沉淀除钼（含锡、砷、锑等杂质）

硫化过程达到一定硫化率后，即加入 CuS 除钼，除钼过程中的重要技术要求为有高的除钼率（一般应为 95% 以上），同时除钼渣有良好的沉降过滤性能，为此应创造条件使 CuS 有良好的化学活性，为达到此目的，CuS 一般为原位生成，即加入 Cu^{2+} 使之与溶液中已有的 S^{2-} 反应，原位生成 CuS。同时其含铜原料经过改性处理，以便 CuS 的生成过程在类似均相沉淀的条件下进行，从而保证了沉淀物的沉降过滤性能。

（三）除钼液的后处理

主要是除去除钼过程中可能带入的铜等其他杂质，进一步提高溶液的质量。实践表明，一般溶液中残留的 S^{2-} 浓度越高，则除钼后溶液中残留的铜浓度越高，因此残留铜的形态可能与 S^{2-} 有关。

大量长期的工业实践证明本工艺的主要指标如下：

（1）除钼效果：工业条件下对含钼 0.28 ~ 1.62g/L 的 $(NH_4)_2WO_4$ 溶液而言，经本工艺处理后，钼含量均能降到 0.02g/L 以下，除钼率可达 98% 以上。

（2）渣的成分及钨的回收率：工业条件下，沉淀渣中 WO_3/Mo 质量比为 0.25 ~ 0.3，即每千克钼损失 WO_3 仅 0.25 ~ 0.3kg。对含 WO_3 200g/L、Mo 0.5g/L 的溶液而言，除钼过程收率可达 99.9%。渣中 Cu 含量达 40% 以上，钼含量达 10% 以上，均易于回收。

（3）除钼的同时除去其他杂质的可能性：考虑到 As、Sb、Sn 同样为亲硫元素，$HAsO_4^{2-}$、AsO_4^{3-}、SbO_4^{3-}、SnO_3^{2-} 在一定条件下也能转化为 AsS_4^{3-}、SbS_4^{3-}、SnS_4^{3-}，它们有可能与 MoS_4^{2-} 一道与硫化铜作用进入沉淀，因此在含 Mo 的 $(NH_4)_2WO_4$ 溶液中加入 Na_3AsO_4、Na_3SbO_4 和 Na_2SnO_3，使 As、Sb、Sn 含量均达 0.1g/L 左右，按照上述溶液的钼含量进行除钼的全过程，将最终溶液蒸发结晶，所得 APT 与未经除钼处理直接蒸发结晶所得的 APT（结晶率同样为 90% 左右）的质量对比如表 7-6 所示。

表 7-6 APT 中 As、Sb、Sn 含量对比

APT 来源	As	Sb	Sn
$(NH_4)_2WO_4$ 溶液未经除钼直接蒸发结晶/$mg \cdot g^{-1}$	35×10^{-6}	50×10^{-6}	12×10^{-6}
$(NH_4)_2WO_4$ 溶液经 CuS 除钼后蒸发结晶/$mg \cdot g^{-1}$	6×10^{-6}	5×10^{-6}	$<1 \times 10^{-6}$
除杂率/%	82.9	90	>90

从表 7-6 可知，本工艺在除钼的同时，在不额外添加任何试剂，不改变任何技术参数的条件下能有效地除去 Sn、As、Sb 等杂质。

四、离子交换法

离子交换法的原理是基于 MoS_4^{2-} 对阴离子交换树脂的亲和力远大于 WO_4^{2-}。一般采用强碱性阴离子树脂。

对钼已充分硫化的钨酸盐溶液而言，用强碱性阴离子交换法除钼一般按三个步骤进行：

（一）吸附

MoS_4^{2-} 与树脂上的 Cl^- 进行交换反应被吸附而进入树

脂相。

WO_4^{2-} 对树脂的亲和力远小于 MoS_4^{2-}，因此不被吸附而保留在溶液中，从而实现钨与钼的分离。一般交后液中钼含量可降为除钼前的1/50～1/20。

（二）氧化解吸

由于 MoS_4^{2-} 与阴离子交换树脂的亲和力很大，对强碱性阴离子交换树脂而言，基本上没有其他更强的阴离子能将其解吸，为将钼与树脂分离，通常采用氧化法，使钼氧化成 MoO_4^{2-}，氧化剂可用 H_2O_2、NaClO 或 HNO_3。用 NaClO 时浓度约为0.5～0.8mol/L，另加0.25mol/L NaOH，用 HNO_3 时浓度则为200～250g/L。

由于氧化后的水相中含大量阴离子如 SO_4^{2-} 等，因而 MoO_4^{2-} 及 WO_4^{2-} 被解析进入水相。水相含 Mo/WO_3（质量比）约为1∶1，可进一步回收 Mo 和 WO_3。

（三）转型

通过氧化使钼与树脂分离后，再用 NaCl 溶液或 HCl 溶液再生，使树脂转化为 Cl^- 型，以便进行下一阶段的吸附过程。

强碱性阴离子交换法从钨酸盐溶液中除钼，可在固定床离子交换柱中或密实移动床-流态化床中进行，后者的技术经济效果远超过前者。

第五节 仲钨酸铵的制取

在已有的多种制取仲钨酸铵的方法中，蒸发结晶法由于工艺及设备简单，易于大型化，同时有一定的提纯作用，因而是当前最主要的工业方法。

蒸发结晶法有间断作业和连续作业两种方式。间断作业一般在夹套加热的搪瓷反应器或钛合金反应器中进行，$(NH_4)_2WO_4$ 料液密度为 1.20～1.28g/cm^3（含 250～300g/L WO_3），加热使氨挥发，pH 值降到 7.5～8.0 左右时 APT 开始析出，随着 APT 的析出，溶液的密度降低。蒸发的终点由母液密度来判断，一般为 1.06～1.08g/cm^3，若产品纯度要求高，则母液密度控制稍高，对离子交换法所得的 $(NH_4)_2WO_4$ 溶液而言，由于其中 NH_4^+(NH_4Cl)的盐析作用，所以当溶液体积蒸发 60% 左右时，APT 的结晶率可达 90%～95%，母液密度在 1.02g/cm^3 左右。

为控制 APT 的粒度，有时须控制结晶温度和蒸发速度，有的工厂在真空下进行，并在底部鼓入空气以加快 NH_3 的蒸发，此时真空度控制在 40～50kPa，温度为 80～85℃。

连续结晶过程在连续蒸发器中进行，其结构如图 7-7 所示，料液在外加热器 1 中加热到一定温度后送至连续蒸发器的蒸发室，使氨蒸发从而使溶液达到过饱和。蒸发室 2 中的过饱和度控制在介稳定区内不自动产生晶核。过饱和的溶液再进入结晶室 4 与其中大量存在的晶体接触而发生结晶过程，晶体送连续过滤机过滤。

连续结晶法的优点是过程连续化、生产能力大、质量稳定、粒度均匀，同时氨易于回收。

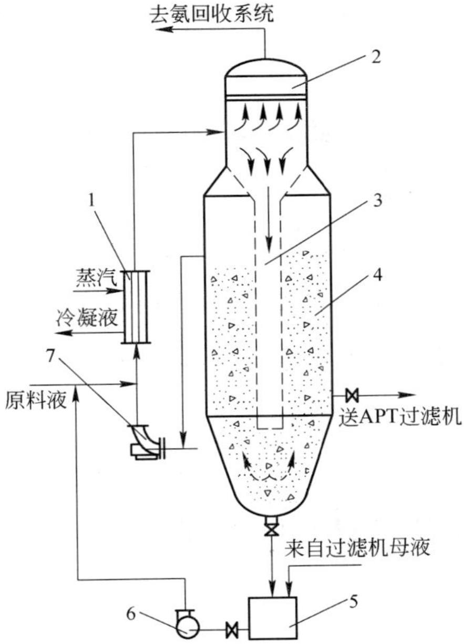

图 7-7　APT 连续蒸发结晶器

1—外加热器；2—蒸发室；3—中心管；4—结晶室；
5—母液槽；6—泵；7—循环泵

第四章　金属钨粉的制取

当前绝大部分金属钨粉都是以钨的氧化物为原料通过氢还原制取的。按照钨氧化物种类的不同分为：

（1）黄色氧化钨氢还原工艺（简称黄钨工艺）。它为传统工艺，目前较少采用。

（2）蓝色氧化钨氢还原工艺（简称蓝钨工艺）。蓝色氧化钨还原制取钨粉比较容易控制钨粉的粒度和粒度组成，同时当目的是制取灯丝用钨粉时，蓝色氧化钨更容易掺杂，因此从20世纪50年代开始，国内外许多钨冶金企业逐步用蓝钨工艺取代黄钨工艺。

（3）紫色氧化钨氢还原工艺（简称紫钨工艺）。它由中国学者研究而成，其特点是产出的钨粉粒度细而均匀、粒度及形貌易于控制、单位设备生产能力大，因而成为国内钨粉生产的主流工艺。

第一节 钨氧化物的制备

一、煅烧设备

煅烧APT制备WO_3、蓝色氧化钨或紫色氧化钨均可在推舟的管式炉（如四管炉）中或回转炉中进行。在管式炉中进行时，舟皿中的料是固定的，由于料上下层的气氛、扩散条件各不相同，容易造成物料的不均匀性；而在回转炉中物料处于不断运动状态，不存在固定的料层，反应的动力学条件好，因此产品质量较均匀，活性比较大，在工业上采用得比较多，回转炉的不足之处主要在于烟尘带走的钨较多，需妥善收尘。

工业回转炉的结构如图7-8所示。其简单工作原理是：炉管3通过管外的发热体8加热到一定温度，加热区一般分 3 ~ 5 带，工作温度为 600 ~ 800℃。原料 APT 由炉管的进料装置 14 加入，由于炉管不断旋转（转速 1 ~ 12r/min），同时由进料端到出料端有 1° ~ 3°的斜度，因此在炉管转动过程中物料逐步由进料端运动到出料端，而在经过高温区时，即发生各种煅烧反应，随炉内的温度制度和气氛的不同，产出 WO_3、蓝钨或紫钨，产品从卸料斗排出。废气与炉料逆流运动，最后在进料端经除尘气箱 13 回收氧化钨烟尘后排出，物料在炉内停留时间及炉内保持的料层厚度则主要通过加料速度、炉管的转速及斜度进行控制。炉管通过密封装置保持良好密封状态，以便于控制炉内气氛。

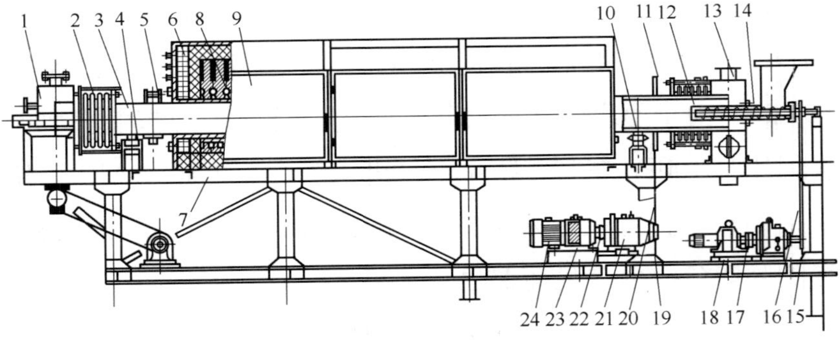

图 7-8　回转炉的结构示意图

1—卸料斗；2—炉尾密封装置；3—炉管；4—后托轮装置；5—震打装置；6—砌体；7—炉架；8—发热体；9—炉壳；10—前托轮装置；11，15，19—链轮；12—炉头密封装置；13—除尘气箱；14—进料装置；16，20—套筒滚子链；17，22—弹性联轴接；18，23—机座；21—摆线针齿减速机；24—电磁调速电动机

二、煅烧工艺

在回转煅烧炉内煅烧 APT · $4H_2O$ 时，控制不同的温度和气氛可得到 WO_3、蓝色氧化钨或紫色氧化钨等不同的钨氧化物产品。制取 WO_3 时，炉温分两带控制，一带炉温一般控制在 550℃，二带炉温控制在 650℃，回转炉管转速为 3r/min左右为宜。由于要求氧化气氛，故炉内气体压力控制在小于大气压强 100Pa 左右，让空气自动进入炉内，氨和水蒸气经排风系统排出室外。分解产物 WO_3 连续从出料端排出，过 60 目（0.3mm）筛后装入料桶，得到的 WO_3 为柠檬黄色。

制取蓝色氧化钨（$WO_{2.9}$）时，一带炉温一般控制在 550℃、二带炉温控制在 650℃ 左右，回转炉管转速为 3r/min，由于要求弱还原气氛，炉内气体压力应控制在大于大气压强 100Pa 左右，防止空气进入炉内。可通过 APT 的给量控制和减少排风量来维持炉内正压及适当的还原性气氛，得到的蓝色氧化钨呈蓝黑色。

制取紫色氧化钨（$WO_{2.72}$）时，一带炉温一般控制在 650℃、二带炉温控制在 700℃ 左右，回转炉管转速为 3r/min。由于制取紫色氧化钨比制取蓝色氧化钨需要更强的还原性气氛，炉内气体压力要控制在大于大气压强 150Pa 左右，防止空气进入炉内。

在上述煅烧制备 WO_3、蓝钨或紫钨的过程中，钨的实收率为 98.5% 左右，其他的 1.5% 进入废气回收系统进行回收。

第二节　钨氧化物的氢还原

一、还原设备

还原设备对钨粉性能产生重要影响。不同还原炉生产的钨粉往往具有不同的性能。根据上述原理及工艺特点，氧化钨氢还原设备应满足钨粉还原的工艺要求，如温度及合理的温度分布，氢气与钨氧化物的良好接触，各种参数能顺利控制等，以便于实现钨粉的质量控制，特别是粒度以及粒度分布控制。此外还应满足机械化、自动化、连续化、节能降耗、环境友好等要求。

工业生产中常用的还原炉有：固定床式还原炉（如二管炉、四管炉、十四管炉、十八管炉）、回转管式还原炉等。

（一）固定床式还原炉

固定床式还原炉的种类很多，生产效率各不相同，还原温度各异，适用不同粒度、不同用途钨粉的制取。它们的共同特点是粉末在床中（舟皿中）固定不动。

目前国内用得较多的是二管炉、四管炉和十四管炉。二管炉主要用于高温还原生产粗颗粒钨粉，四管炉和十四管炉则主要用于中、细颗粒钨粉的生产。

四管还原炉的结构如图 7-9 所示。四根炉管分两层设置（炉膛上、中、下布置发热体）或置于炉膛的同一水平上

（炉管上下布置发热体），炉温均匀性好。方形舟皿的装料厚度一致，因而制得的钨粉比较均匀。

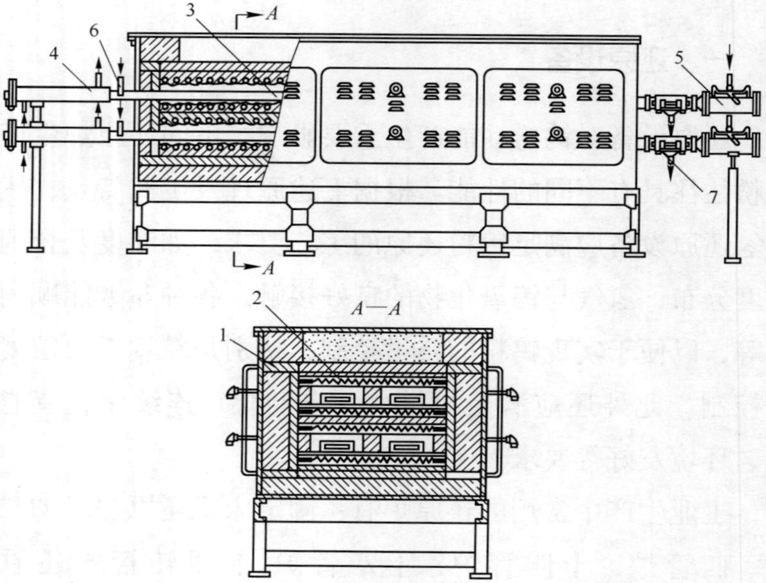

图 7-9　四管还原炉结构图

1—炉壳；2—加热元件；3—炉管；4—冷却套；
5—推舟器；6—氢气进口；7—氢气出口

（二）回转管式还原炉

回转管式还原炉与固定床还原炉的最大不同之处是炉料不是以静止的料层状态通过还原炉，而是呈动态的粉末流。

回转管式的结构与 APT 煅烧制取蓝钨或紫钨的回转炉大同小异，仅工作温度及温度分布和密封要求有所不同，参见图 7-6。

回转还原炉连续转动，倾斜的炉体使粉末连续地通过加热区。给料速度、炉管转速、倾斜角和炉管中的提升挡板决定了动态粉末层的厚度。

炉子旋转使物料不断翻动，与固定床式炉相比，水蒸气较难停留在料层中，强化了氢气自外向内和水蒸气自内向外的扩散。因而料层中的湿度较低且物料不同部位的湿度差异小，有利于得到细而均匀的钨粉。

为维持钨粉颗粒长大所需的湿度，回转式还原炉只需要少量氢过剩。在回转式还原炉中，氢气过量系数对粒度长大的影响较小。高给料速度、低炉管转速、小倾斜角和高还原温度有利于获得粗颗粒钨粉。

生产实践证明，回转式还原炉具有以下特点：

（1）生产连续化，效率高；

（2）装卸料密封，温度波动小，安全性好；

（3）能耗低；

（4）易于实现自动化；

（5）粉末粒度细且均匀性好。

不足之处是：

（1）传动机构较复杂，管理要求高；

（2）由于粉末料层不断翻动，细小的颗粒会被氢气吹走，所以必须用过滤收尘的方法加以回收；

（3）在高温下粉末较易黏附炉管内壁，必须震打炉管，产生噪声。

二、典型产品的生产工艺

（一）超细钨粉的生产

高韧性、高耐磨性硬质合金用 WC 粉的粒径越来越向小的方面发展。细颗粒硬质合金能使合金的硬度和强度明显提高。研究证明，制取超细钨粉的关键是原料钨氧化物的种类，相对于黄钨和蓝钨而言，紫钨有以下特点：化学活性高，还原速度快，可生成大量超细钨颗粒；杆状紫钨还原形成的假颗粒中孔隙度的平均直径大，因而透气性好，H_2O 分压相对较小。这些特点导致紫钨还原的产品粒度远小于黄钨或蓝钨，其费氏平均粒径为 1.2 ~ 1.5μm，BET 粒径为 0.08 ~0.09μm，而且粒度分布较均匀。

以紫钨为原料制取超细钨粉的工艺过程通常都在推舟式的管式还原炉中进行，舟皿尺寸为 400mm × 280mm × 40mm，装舟量为 1000g/舟，还原温度为：一带温度为 650℃、二带温度为 730℃、三带温度为 800℃，推舟速度为每 30min 2 舟，H_2 流量为 35 ~ 40m^3/(h · 管)，钨粉粒度为 0.3 ~ 0.8μm。

（二）超粗钨粉的生产

超粗钨粉通常采用高温、湿氢、低氢气流速、厚料层或高供料速度来制备，还原一般在二带高温钼丝炉中进行，以 WO_3 为原料，还原温度在 1250℃以上，装舟量为 2000g/舟，推舟速度为 30min/舟。也可以采用添加晶粒长大促进剂的办法制取超粗钨粉，如添加碱金属或碱土金属等。加入第三元素的作业称为掺杂。掺杂是将氧化钨与掺入元素化合物的水溶液作用。实践证明，向蓝钨掺杂的效果优于向黄钨掺杂。

第五章　碳化钨的制取

将钨粉同炭黑干磨混合形成混合料，然后将混合料压团，或者置于石墨舟皿内捣实，放入以氢气作保护气氛状态下的石墨管电阻炉或刚玉管钼丝炉内碳化，碳化过程一般为1～2h。

第八篇

钨加工技术与装备

第一章 概　述

钨加工产品主要包括四大类，即：硬质合金、钨基高密度合金、钨铜合金、钨材（钨丝、钨板材、钨棒材等），其中，硬质合金用量最多，用途最广。钨加工产品品种繁多，生产工艺技术复杂，而且随着科技的进步、社会的发展、市场的需求增加，其复杂性和高科技性将进一步体现出来。

中国钨加工业经过 60 余年的建设，通过引进、消化、吸收和创新，已基本掌握了较先进的工艺技术，并自主研发出多种制粉、混料、成型、烧结等方面的技术装备，逐渐缩小了与世界先进国家的差距。本篇将重点简述硬质合金和钨丝加工技术与装备方面的内容。

第二章　硬质合金加工技术与装备

第一节　概　　述

硬质合金主要是指以碳化钨、碳化钛、碳化钽、碳化铌等为硬质成分，另外辅以钴、镍、铁等元素为黏结成分，用粉末冶金方法生产的合金材料。制备硬质合金时首先要制取合金粉末，将粉末装入模具压制成型，在保护气氛中或真空状态下烧结固化，即可制成成品。

硬质合金硬度很高，在天然材料中它的硬度仅次于金刚石，它不仅在常温下有很高的硬度，而且还具有特殊的耐高温性能；其耐磨性比工具钢要高 15 ~ 20 倍，弹性模量是钢的 2 ~ 3 倍；有较强的抗腐蚀性，在室温下，硬质合金在硫酸、氢氟酸以及在沸腾的苛性钠中都是稳定的；具有较小的摩擦系数。

硬质合金种类繁多，按其成分和生产方式可分为六类：碳化钨基硬质合金；碳化钛基合金；碳化铬基硬质合金；钢结硬质合金；铸造碳化钨类硬质合金；涂层硬质合金。

第二节　硬质合金加工技术与装备

一、生产工艺流程

硬质合金的生产流程是以碳化钨作为原料开始的。首先将碳化钨粉加钴粉或其他合金材料进行配料，经研磨和干燥制粒后，制成混合料，然后使用压力设备生产各种形状的压制品，经干燥、烧结后，形成硬质合金毛坯产品，再经加工，最终产出硬质合金成品。

二、工艺技术与装备

（一）混合料制备技术及装备

（1）WC 粉生产设备。国内生产硬质合金主要原料 WC 粉的设备在引进国外先进的四管和十四管还原炉、卧式石墨管电阻碳化炉的基础上，自主研制了全自动新型双管、四管和八管还原炉，十四、十五管还原炉，立式中频感应碳化炉，全自动连续高温钼丝碳化炉，无舟皿超细钨钼粉还原炉以及碳管式碳化炉。

（2）研磨。按合金牌号成分比配制出一定质量的钨合金物料，加入酒精装入高效搅拌球磨机或可倾式滚磨机等研磨设备，使物料充分混合并达到均匀的条件。球磨机系列有合金衬板球磨机、冲击型不锈钢球磨机、滚筒式球磨机。

（3）干燥。将混合均匀的钨合金料浆经沉淀抽出酒精后，装入震动干燥器中，通入蒸汽进行干燥。近几年，国内部分企业在干燥工序中已采用现代化的喷雾干燥塔，此法的最大特点是它是在封闭的循环系统中用氮气进行保护下的干燥。喷雾干燥制得的粒状混合料性能稳定、流动性极好，特别适宜于高精度数控刀片压制毛坯的生产。部分喷雾干燥塔配备了 CIP 清洗系统，可在惰性气氛条件下进行自动、彻底、安全的清洗。

（二）新型成型工艺

（1）挤压成型。粉末挤压成型技术是现代粉末冶金近净成型及世界材料领域先进成型技术之一。制备长径较大的硬质合金产品时，采用粉末挤压成型是一种有效的办法，采用硬质合金粉末增塑挤压成型的关键技术是成型剂和脱脂工艺。挤压制品的品种有棒材、板材、异型管材、整体铣刀、螺旋铣刀、麻花钻头、微型钻头、半月形空心深孔钻头等。随着硬质合金产品需求量不断增大，挤压技术和挤压设备也在不断改进，如九模螺旋式挤压设备可同时挤压9根精密的小直径硬质合金挤压棒；改进成型剂配方，解决了双螺孔、双直孔棒的裂纹问题，干燥时间大大缩短，提高了产品成才率和生产效率；改进模具，实现了双螺孔棒多种技术指标的精确控制，解决了单中心孔棒的同心度偏差大的问题。

（2）注射成型。注射成型是用压力将浓粉浆压入模腔来成型的方法，它可以生产各种复杂形状的制品，而且操作简便、生产效率高，再辅以先进的压力烧结或烧结后的热等静压处理等工艺，可生产出形状复杂且致密性好的硬质合金产品。

（3）精密模压及湿袋式冷等静压多种成型技术。小规格棒材采用精密模压，并通过多模压制，实现优质高产。大规格产品采用湿袋式冷等静压技术生产高精度硬质合金棒材，选择适当的模具材料及精确的计算方法，用组合式模具实现高精度等静压棒材的生产，可降低模具费用，提高生产效率。精密模压设备如图 8-1 所示。

图 8-1 精密模压设备图

(三) 烧结技术与设备

烧结是硬质合金生产过程中最重要的工序之一，随着硬质合金工艺技术的不断进步，烧结设备也在不断地更新与进步，烧结设备先后经历了二代马弗炉、单一真空烧结炉、脱蜡烧结一体炉、多气氛控制烧结炉、气压烧结炉以及正在研制的微波烧结炉等。

(1) 真空烧结。真空烧结是提高硬质合金产品质量的重要手段之一，其主要特点是：对有气相参加的反应，可使平衡向反应产物中的摩尔数增加的方向移动，从而有利于氧化物的还原以及烧结体内气体的解吸和排除；与氢气烧结相比，真空烧结可大大缩小气体介质的影响，工艺上比较容易控制。对于 TiC 合金，真空烧结可显著改善液相钴对它的湿润性，因而烧结体可迅速收缩，改善胶结金属分布的均匀性。对于 WC-Co 类合金，真空烧结可使其内部组织较均匀，孔隙度较小，性能有所提高。此外，真空烧结炉气氛简单、稳定、均匀，减少了弯曲变形废品的产生，产品质量稳定。目前主要的真空烧结炉有引进的 DMK 真空烧结炉、GCA 真空烧结炉、NVF-30S 真空烧结炉、费弗尔公司的真空烧结炉、PVA 真空烧结炉。国内一些硬质合金设备制造厂家在引进消化吸收国外先进技术的基础上，自行研制的真空烧结炉已达到同类进口设备水平。

（2）气压烧结。气体压力烧结是制造硬质合金的一种新工艺技术，它是在产品完成脱气、表面孔隙已经封闭、黏结相仍然是液相的情况下，用高压气体促进产品致密化的烧结新技术，是制造高质量硬质合金的一种主导技术手段。主要气压烧结设备有从 PVA 公司和 LD 公司引进的气体压力烧结炉，部分具有设计制造能力的国内大型企业及科研院所已将气体压力烧结炉实现国产化，国产气体压力烧结炉以其优良的性价比得到很好的推广。

（3）多气氛连续烧结（脱蜡烧结一体化）。按照生产工艺要求，根据物料的状况对工艺参数进行适当调整，通过控制炉内气氛来控制产品的含碳量，使产品的矫顽磁力波动范围比一般真空烧结明显减小。

（4）热压烧结。热压是压制和烧结同时进行的过程。除通常采用的电阻加热和感应加热技术外，还出现了真空热压、振动热压、均衡热压、等静压等新工艺和设备。热压工艺使其制品具有密度高、性能好等独特的优点，生产过程中压制压力小，能生产大型和形状复杂的产品。热等静压不仅可较大提高合金的抗弯强度，而且由于处理温度低于一般的烧结温度，合金中碳化物晶粒的长大不显著，因而对于提高硬度和耐磨性也很有效。热压烧结炉如图 8-2 所示。

图 8-2　热压烧结炉

（5）放电等离子体烧结。放电等离子体烧结或电场辅助烧结是热压的一种形式，但与热压烧结不同，它是一种依靠自动加热，利用粉末内部产生的热量来实现快速烧结的方法。这种方法由于是自动加热而能使粉末快速加热，并在极短的时间内使粉末完全烧结。

（6）微波烧结。微波烧结技术与能源来自外部的传统加热方式相比，其加热是直接能量与电耦合使体内加热，主要特点是加热快、能耗低、工艺时间短、温度梯度小等。这些特点能有效防止烧结过程中晶粒的异常长大，因此，特别适用于超细和纳米硬质合金的烧结。

三、涂层技术及装备

硬质合金涂层技术是一种在硬质合金基体表面上沉积一层或多层诸如碳化物、氮化物、氧化物等难熔硬质化合物，使硬质合金的性能和使用寿命大幅度提高的工艺方法。该项技术的问世为解决硬质合金耐磨性和韧性相互矛盾的问题提供了一条极为有效的途径。硬质合金涂层技术当中，应用最成功、最广泛的是化学气相沉积（CVD）涂层和物理气相沉积（PVD）涂层。在不断改进和完善传统（高温）化学气相沉积（CVD）涂层工艺的同时，也成功开发出了中温CVD、等离子体增强CVD等涂层技术。

（一）涂层技术

（1）CVD涂层技术。化学气相沉积（CVD）是在一定温度条件下，混合气体与基体表面相互作用，使混合气体中某些成分分解，并在基体表面生成金属或化合物膜层的过程。采用CVD技术可以在硬质合金基体上沉积具有一定黏结力的金属、氧化物、氮化物、碳化物和硼化物的涂层，可实现TiC、TiN、Ti(C,N)、Al_2O_3、HfC、HfN等单层和多组分多层复合涂层的沉积，制得的涂层和基体的结合强度较高。CVD设备一般由三大部分组成：1）反应气体先驱物供给系统；2）CVD反应器；3）尾气处理系统。CVD涂层没有通用的设备，任何一种CVD设备都是为特定的涂层材料、基体形状等条件设计的。刀具切削用的硬质合金CVD涂层采用开放式的热壁反应器装置制备，设备装置如图8-3所示。

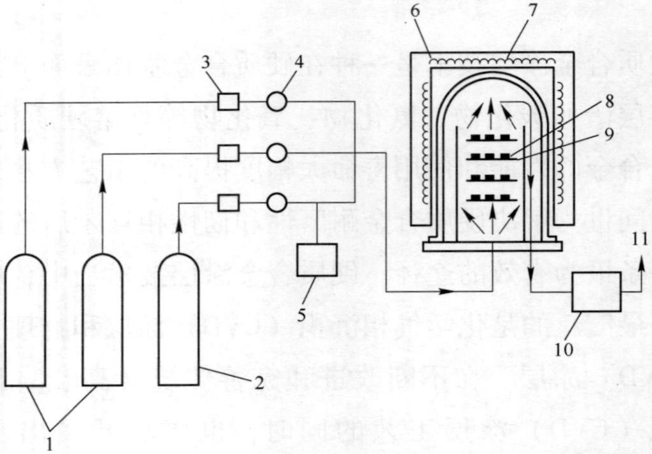

图8-3 硬质合金切削刀具涂层用CVD设备示意图

1—反应气体；2—氢气；3—气体净化装置；4—流量计；5—$TiCl_4$蒸发器；6—移动式炉子；7—热丝；8—刀具；9—装载台；10—真空泵；11—尾气处理

（2）PVD涂层技术。物理气相沉积（PVD）是一种原子沉积工艺，是在真空或低压（等离子）条件下，涂层物质从液相或固相的材料源中逸出并气化，以原子或分子的形态传输并沉积在基体表面的一种涂层工艺。PVD涂层物质有TiN、Ti(C,N)、TiAlN、TiAlCN、CrAlN、TiAlCrN、TiAlSiN、CrN、TiB_2、Al_2O_3等。目前常用的PVD涂层工艺方式包括：1）真空蒸发；2）溅射；3）离子镀。其中在硬质合金刀具涂层中应用最为广泛的是溅射法和离子镀。溅射方法包括直流溅射、射频溅射、磁控溅射等，离子镀常见的有真空阴极离子镀和电弧离子镀。国内流行的电弧离子镀是一种冷阴极弧光型蒸发源，它既是蒸发源也是离化源，特点是工作的真空度高，涂层的沉积速率高，蒸发粒子的离化率高，离子的能量高。真空阴极电弧离子镀装置如图8-4所示。

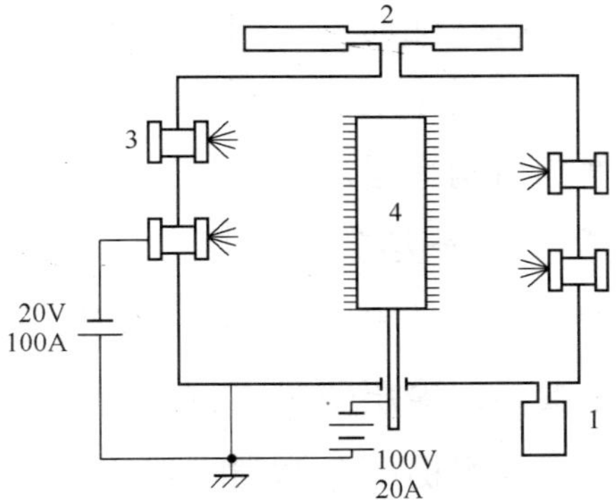

图8-4 真空阴极电弧离子镀装置示意图

1—真空系统；2—气体输入装置；

3—电弧蒸发源；4—工作架

（3）其他涂层技术。除最常用的CVD和PVD涂层技术外，常用的涂层技术还有中温化学气相沉积（MT-CVD）涂层技术、CVD和PVD工艺相结合的PCVD涂层技术。

（二）硬质合金涂层的分类

硬质合金涂层主要有两种分类方法：一是按涂层成分进行分类，其特点是简洁、明了，基于对材料性能的认识，使用者容易了解涂层的功能，易为市场所接受，因此目前各涂层企业更多的是以不同的涂层成分向用户介绍、推荐其技术及产品。二是从涂层技术的发展，以及在硬质合金切削刀具中的应用方面进行分类，涂层的内部结构变化已越来越大地影响着涂层刀具的使用效果，相同的涂层成分、不同的结构形式，可能导致涂层刀具的使用效果截然不同。就目前硬质合金涂层技术的发展状况而言，按涂层薄膜结构可将硬质合金涂层大体分为：单层涂层、多层涂层、梯度涂层、纳米多层涂层、纳米复合结构涂层。

（三）硬质合金涂层的应用

随着硬质合金涂层技术的发展，在实际应用中涂层的合理选择显得愈加重要，涂层薄膜不仅要解决硬度问题，其韧性、抗氧化性、表面粗糙度及润滑性等都需要根据不同的切削条件进行综合考虑。

硬质合金涂层刀具在车、铣、钻等切削加工中应用广泛，由于车削加工的特点为连续、稳定、切削力及切削温度变化小，相对于切削温度较高而言，涂层的硬度和高温抗氧化性是选择涂层的重点考虑因素，因此，CVD 涂层广泛应用于硬质合金可转位车削刀片的表面处理。PVD 涂层则普遍应用于硬质合金整体铣刀、钻头、阶梯钻、油孔钻、铰刀、丝锥、异形刀具、焊接刀具等的表面处理。随着 PVD 涂层技术的发展，PVD 涂层的应用也从整体铣刀扩展到可转位刀片范围，并且已取得了突破性的进展。PCVD 主要应用于对韧性和刃口光洁度有特殊要求的可转位刀片的涂层，其中铣削、切削和螺纹车削的可转位刀片都属于这一范畴。

四、后处理技术

（一）渗硼技术

硬质合金渗硼技术是新发展起来的一项表面硬化技术。渗硼方法分为三大类：气相渗硼、固相渗硼和液相渗硼。常用的渗硼方法是将硬质合金装入盛有渗硼粉末的密闭加热装置中，通过加热使渗硼粉末中的 B 元素向硬质合金 Co 相中渗硼，强化黏结相，形成渗硼层，从而提高硬质合金表层的耐磨性。渗硼层不但具有硬度高、耐磨性好等特性，而且还有一定的耐蚀性和耐热性。硬质合金经渗硼处理后，在保持了原有的合金强度、韧性等力学性能指标的情况下，合金的耐磨性和使用寿命明显提高。

（二）热处理技术

硬质合金热处理技术是采用加热、保温、冷却的方法，改善并控制硬质合金所需组织和性能的技术，是一种简便而又能有效提高硬质合金韧性和强度性能的整体强化方法。硬质合金热处理常采用的方式是：退火、淬火和回火。退火（或回火）处理是将硬质合金加热到一定温度，保温一定时间，然后进行缓慢冷却，以达到改善硬质合金中各相的应力状态和时效黏结相的目的。淬火处理是将硬质合金加热保温后，在油、水或惰性气体等淬冷介质中快速冷却，以改变黏结相的结构特征和整体特性，有效提高硬质合金的强度和韧性。回火的主要作用是消除淬火后制品中的残余应力以及控制过饱和黏结相的分解与弥散析出。硬质合金热处理常用的主要设备有真空淬火炉和氢气回火炉，真空淬火炉最常用的是真空油淬火炉，其特点是产品在真空气氛保护下迅速冷却，可防止氧化；氢气回火炉是在氢气保护下进行回火，也可防止氧化。硬质合金经过热处理后的实际应用结果表明，热处理后使用寿命平均可提高0.2~1倍。

（三）深冷处理技术

硬质合金深冷处理又称为超冷处理或超低温处理，是一种在-130℃以下对硬质合金进行处理从而使合金综合性能提高的工艺。深冷处理工艺过程包括深冷方式、降温速度、保温时间、升温速度、深冷次数等工艺参数，这些参数都会对深冷效果产生重大影响。通常采用液氮（-196℃）作为制冷剂，根据使用液氮方法的不同可分为液体法和气体法两种。液体法是将硬质合金直接浸入液氮中，这种方式对合金有较大的热冲击而产生缺陷，处理温度只能达到-150℃左右。气体法则是通过液氮的汽化潜热（约199.54kJ/kg）和低温氮气吸热来制冷，不但深冷温度可达到-190℃，而且对合金没有热冲击，因此气体法得到更为广泛的应用。深冷处理技术装置主要由自增压低温瓶、液氮传输管、程控深冷箱三部分组成，其特点是系统简便，耗电量少，不受合金的形状和尺寸限制，操作简便。硬质合金经深冷处理后硬度及抗弯强度等力学性能均有显著提高。

五、分析检测技术

分析检测技术是利用各种物理化学效应，选择合适的方法和装置，将硬质合金有关信息通过检查与测量的方法赋予定性或定量结果的过程。分析检测技术按检测方法分为化学分析和物理检测两类，按检测类别分为化学分析、气体分析、光谱分析、金属结构分析、物理力学分析等。其中硬质合金无损检测技术是在不破坏产品的情况下，采用超声检测仪器，准确检测判断产品内部质量的分析检测方法。近年来硬质合金超声波无损检测关键技术获得突破，填补了国内硬质合金大型制品无损探伤检测技术的空白，并且因其具有不破坏试件，检测灵敏度高的优点，而在硬质合金行业得以广泛运用。分析检测的主要设备有 ICP 光谱仪、ICP 质谱仪、直读光谱仪、高频红外碳硫分析仪、激光粒度分布仪、比表面测试仪、高压透射电子显微镜、扫描电镜、能谱仪、多功能材料试验机等。分析检测设备如图 8-5 所示。

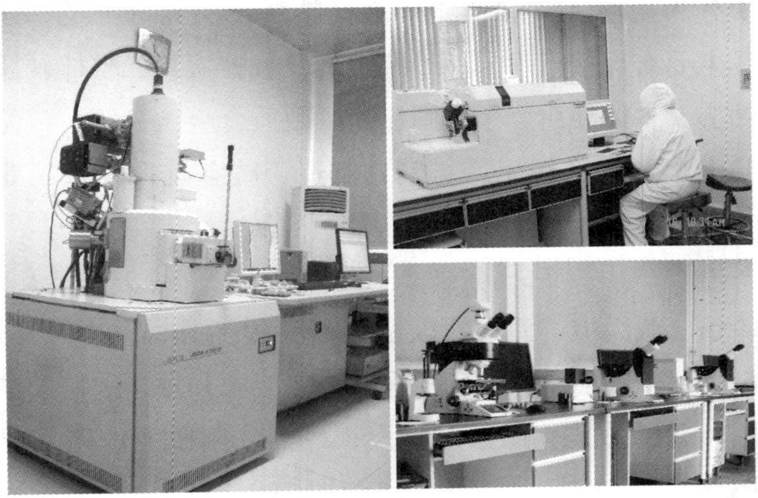

图 8-5　分析检测设备

目前国内硬质合金在分析检测方面，无论是配备的仪器设备、分析检验的能力和拥有的技术人才，还是掌握的技术水平，包括纳米级亚晶尺寸、结构涂层、钨粉团粒等具有较高技术水平的分析检测方法，基本上已达到国际先进水平。但是随着硬质合金行业的发展，特别是硬质合金质量控制和评价体系的缺乏以及一些重要检测手段和检测设备的不尽完善，对中国硬质合金和钨制品产业的发展形成一定影响。

六、硬质合金工具

硬质合金凭借自身优良的性能，被广泛应用于国民经济建设及国防军工等领域，其中硬质合金工具类用量占整个硬质合金总产量的三分之二。硬质合金工具具有高的表面硬度和好的耐磨性、抗弯强度、弹性模量、抗震性、耐腐蚀性，主要分为切削工具和地质矿山（钻掘）工具两大类。切削工具主要有焊接刀片、可转位刀具及数控刀具、整体硬质合金钻头、整体硬质合金小圆锯片、硬质合金微钻等，广泛应用于汽车及零部件生产、模具制造、航空航天等重工业领域。切削刀具如图 8-6 所示。

地质矿山（钻掘）工具主要有钎片、钻头、潜孔钻、牙轮钻、截煤齿、冲击钻以及路面工程工具、盾构刀具等，广泛应用于石油和天然气开采、地热能源开发、采矿、水利工程、现代公共交通系统建设、地下公用服务设施修建等领域。

盾构是一种先进的隧道掘进施工方法，具有自动化程度

图 8-6　切削刀具

高、施工速度快、安全经济的特点。盾构刀具是盾构机的关键损耗部件，需要具备坚固、锋利等特点。盾构刀具的关键制造技术为刀具的设计与研发、集成制造技术（机械制造、热处理、焊接、装配）以及质量优良的硬质合金。目前，中国盾构刀具生产企业在装备水平、大型刀具设计能力、刀具应用技术研究方面尚处于起步阶段。盾构机关系着国家基础经济建设和社会发展，是国家鼓励自主创新研发、发展的重大装备，所以实现盾构刀具与盾构机国产化的意义重大，盾构刀具及盾构机如图 8-7 所示。

图 8-7　盾构刀具及盾构机示意图

七、深加工技术

深加工技术是将硬质合金毛坯以机械加工、电火花加工等手段对产品表面进行加工的工艺方法。硬质合金机械加工最常用的是金刚石砂轮磨削加工，加工目的是为了获得较高的加工精度及较小的表面粗糙度，加工效率主要取决于金刚石颗粒大小及在黏结剂中的浓度。磨削加工按磨削精度分为一般磨削、精密磨削、超精密磨削和镜面磨削。近年来随着PCD、CBN 等高硬度刀具的研发成功，车削、铣削作为粗加工的一种加工手段在硬质合金深加工上的应用也越来越广泛，其效率较磨削加工大大提高。硬质合金机械加工设备主要有数控磨床、平面磨床、内孔磨床、外圆磨床、无心磨床、工具磨床及车床等普通机床以及相应类别的高精度、数控机床及加工中心。数控外圆磨床如图 8-8 所示。

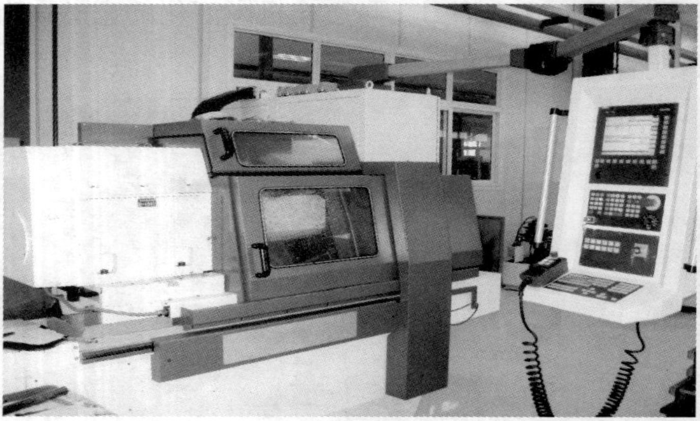

图 8-8　数控外圆磨床示意图

电火花加工是利用浸在工作液中的两极间脉冲放电时产生的电蚀作用蚀除导电材料的特种加工方法，又称放电加工或电蚀加工。硬质合金电火花加工的主要方式有成型加工和线切割加工，适用于加工形状复杂的型孔和型腔模具、深槽、窄缝、切割薄片及各种成型刀具等。电火花加工的特点是精度较高，其平均加工精度可达0.02mm，表面粗糙度 R_a 值可达 1.6μm 或更小，但是加工效率低于切削加工。电火花加工的主要设备有快速、中速、慢速线切割机及各种精度的电火花成型机等。

第三章 钨丝加工技术及装备

第一节 概 述

钨丝具有高熔点、高电阻率、低蒸气压以及良好的高温强度等优点，是最适合制造灯丝的金属材料，但它的室温脆性使其很难加工，直到 1909 年，美国人柯立芝（Coolidge）成功开发出延性钨丝的生产工艺，从而触发了一场照明工业的革命。这种经典生产工艺原理一直沿用至今并不断改进其中的工艺参数，例如通过掺杂和添加元素提高钨丝的高温抗下垂性，通过改善内部组织结构实现更好的加工性能和绕丝性能，通过控制再结晶温度以提高抗冲击性能等，这些改进提升了钨丝的性能和使用寿命，钨丝的应用领域也得到不断拓展，直到今天，钨丝依然是应用最普遍的照明材料，并广泛用于汽车、通讯、电子产品、办公设备、家用电器、医疗仪器以及现代工业等各行各业。

第二节 钨丝加工技术与装备

一、钨丝加工工艺流程

钨丝的加工工艺冗长而复杂，需要经过二十几道工序，其中的工艺控制点很多。通常以仲钨酸铵（APT）为原料，首先经还原、掺杂、二次还原和酸洗得到掺杂钨粉，然后将不同批次的掺杂钨粉充分混合得到合适的粒度组成，经压制、预烧和高温烧结得到钨坯条，钨坯条再经多道次旋锻或轧制以及拉丝等压延加工，最终得到所需尺寸规格的钨丝。图 8-9 所示为一种掺杂钨丝的加工工艺流程图。

二、主要工艺技术与设备

（一）掺杂钨粉的制备

实践证明，以蓝钨为原料制造的掺杂钨丝的综合性能要优于完全还原的黄钨，因此通常将 APT 还原成具有一定氧含量的蓝钨，然后进行掺杂。传统的掺杂工艺是将 Si、Al、K 以盐溶液的形式按一定比例添加到蓝钨中，三者缺一不

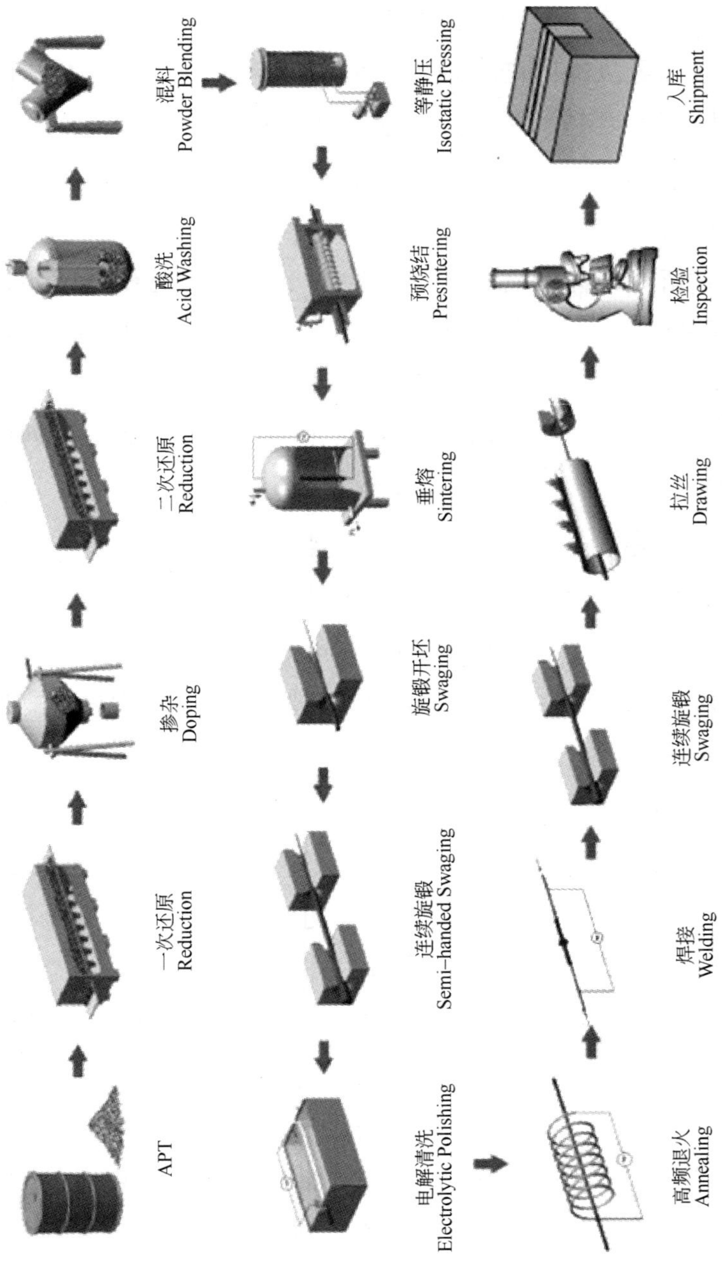

图 8-9　掺杂钨丝的加工工艺流程图

可，将其在掺杂锅中充分搅拌，确保掺杂均匀，然后通过二次还原和氢氟酸酸洗去掉大部分的掺杂剂得到掺杂钨粉。掺杂的原理主要是利用掺杂剂吸附在蓝钨表面和裂纹中，并且部分与蓝钨反应形成钾硅钨酸盐和钾铝硅酸盐等进入晶粒内部，在后续工艺特别是高温烧结时掺杂剂大量挥发，仅有少量钾残留在基体的孔隙中形成钾泡，这些钾泡在后期压力加工过程中由于受挤压而被拉长并破裂形成钾泡串或钾泡列，能够有效阻碍晶粒径向长大，形成长宽比值大的燕尾状或楔形状搭接的细长晶粒组织，从而给掺杂钨丝带来一系列优良性能。

掺杂是生产掺杂钨丝最关键的工序之一，不仅有助于改善钨丝的加工性能，同时对改善钨丝的高温抗下垂性能有重要作用，从而使灯的光效和使用寿命都得到提高。在掺杂工艺中，掺杂剂的添加量至关重要，添加过多则使杂质和孔隙增多，过少又会达不到掺杂效果，一般以三种元素总量不超过1%为宜。此外，掺杂的方式、温度和速度等也是非常重要的工艺参数，对掺杂元素在基体中的均匀分布以及掺杂剂发生反应结合的数量、空间、尺寸分布等均有重要影响。

随着学界和业界的研究不断深入，在上述传统掺杂方法的基础上，人们又陆续发现了一些其他掺杂元素对改善钨丝性能的作用，并在此基础上发展了改进型掺杂钨丝，如在掺杂钨丝基础上添加具有固溶效果的 Fe 元素，提高钨丝的延性；添加适量 Co 元素，可以提高掺杂钨丝的再结晶温度和再结晶延性，改善其高温抗变形能力，得到高强度抗冲击钨丝；添加少量的 Ti 元素，可以提高钨丝的塑性，改善其加工性能和绕丝性能等。

此外，向钨的氧化物中添加一定量的合金元素，通过固溶强化或弥散强化，也能提高钨丝的性能，例如添加适量的固溶合金元素铼（Re），由于其独特的“铼效应”，能使钨丝的强度和塑性同时得到提升，并能显著提高钨丝的再结晶温度，从而改善钨丝的加工性能和高温性能；或者添加具有弥散强化效果的钍、铈、镧、锆等合金元素，使钨丝能满足更高温度和更恶劣化学环境的使用要求。目前的工艺技术已经能够将各种掺杂和添加方法有机结合，从而获得满足不同需要的高性能钨丝。

（二）钨坯条压制

为了满足后期压力加工的要求，用于制造钨丝的钨坯条长径比较大，在钨坯条的压制成型时可以采用钢模压制、等静压或热等静压等方式。

（1）钢模压制。钢模压制长径比较大的钨坯条，一般采用带侧压的压制方法，即在横向和纵向两个方向均施加压力成型。这种压制方法简单易行，生产效率高，但是受模具的限制，不仅无法直接压制成圆条形坯条，只能制成横截面为方形或多边形的坯条，而且不能压制太长的坯条。此外由于模压工艺的局限性，在压制过程中坯条内部各处受力不均而造成压坯密度不均和应力集中，可能出现分层、断裂等压制缺陷，并且影响后期压力加工性能。

（2）等静压制。等静压制是将钨粉装入弹性模具，置于高压容器内，向其中注入流体并对流体施压，利用流体力学的原理，流体所受压力能均匀地传递到压坯的各个方向，使压坯在任意方向均匀受力而成型的压制方法。等静压制的特点在于压坯各处的密度均等，且坯条和模具之间几乎不存在摩擦力，很好地改善了压坯性能，同时对模具的尺寸和形状限制小，可以直接压制出适合压力加工的细长圆棒坯条，对于提高钨丝单重和改善加工性能都有重要意义。

等静压制具体又可分为冷等静压和热等静压。热等静压是将等静压和热压结合起来，在加热的同时进行等静压制，使压制和烧结可以同时完成的压制方式。这种方法可以在较低的烧结温度下获得致密性高和均匀性良好的烧结制品，是目前最先进的粉末冶金成型工艺之一。但是热等静压对设备和包套模具的要求较高，尤其是包套模具材料要经受高温高压的双重考验，对密封性和耐热性都有较高的要求，因此装备的制造和维护成本较高，目前仅在航空、航天、军工等对综合性能要求较高的领域有少量应用。相比之下，冷等静压的装备主要由液压系统和高压容器组成，装备的制造和维护都较容易，而且弹性模具的制造也很简单，造价低廉，因此冷等静压的应用更为广泛，也是生产钨丝常用的压制工艺。

（三）烧结

用于生产钨丝的钨坯条的烧结可以采取直接通电发热的垂熔烧结以及间接加热的高温炉、感应炉烧结等方式，目前工业生产中应用最普遍的是氢气保护垂熔烧结。

氢气保护垂熔烧结是将预烧后的钨条垂直夹持在一端固定、一端可上下浮动的上下两个电极之间，外罩立式水冷罩，罩中通氢气避免氧化，在氢气保护气氛下直接向电极通电的烧结方式。垂熔烧结的原理是利用钨条自身的电阻发热而进行烧结，因此可通过控制电流大小来控制烧结温度。纯钨条烧结只需一次垂熔即可完成，而掺杂钨条因为有掺杂元素的挥发过程，所以需要二次垂熔。垂熔烧结最大的优点在于能够在短时间内获得极高的温度，如掺杂钨条在高温保温阶段的温度能达到2800℃左右，这是其他间接烧结炉不可比拟的，且坯条长度几乎不受限制，因此烧结时间短，生产效率高。垂熔烧结的缺点就是对电能的损耗很大，烧结条与电极接触的两端需要切除，有一定的物料损失，且烧结坯容易出现密度不均和晶粒组织缺陷，影响后续加工，因此在烧结过程中对烧结温度和保温时间的控制尤为重要。

（四）旋锻或轧制

烧结钨条在进行拉丝之前，需要经过一定道次的压延加工，使钨条获得适合拉拔的形状尺寸、晶粒组织和加工性能等，在生产实践中一般可采用旋锻或轧制工艺这两种方式。

（1）旋锻。旋锻是利用旋锻模在围绕主轴高速旋转的同时，在滚轴的顶压作用下，在滑槽内做周期性往复直线运动，对坯条进行高频率锻打，使其断面缩小、长度增加、组织结构和性能等发生显著变化的压力加工过程。旋锻工艺兼具多向锻打和脉冲锻打的特点，坯条受三向压应力作用，且锻打频率高，每次形变量小，受力和缓，有利于脆性材料的变形，因此是钨丝生产中常用的加工工艺。在实际生产中通常采用单机式开坯旋锻和多机串联旋锻相结合的方式，通常要经过十几道次的旋锻，待坯条直径缩小到3mm左右才能进行拉丝。在旋锻过程中还要适时进行碱洗以消除表面微裂纹，以及均匀化退火以消除加工时产生的晶粒长大和应力不均的现象，改善加工性能。旋锻温度、送料速度、加工道次、道次变形量以及热处理制度等都是影响旋锻效果的重要工艺参数。

（2）轧制。轧制是一种利用钨条在通过旋转轧辊时，在轧辊的压力作用下产生塑性变形，获得所需产品尺寸的加工方法。在生产中一般采用三辊或四辊轧机组成多机座连续轧机，可实现一次完成多道次变形的连续生产。连续轧制与旋锻相比，具有速度快、道次变形量大、材料损失小、产品质量好、生产效率和自动化程度高等优点，但是该工艺设备昂贵、工艺技术复杂，尤其是多机座轧机的装配精度控制困难，因此在实际生产中应用得不多。

（五）拉拔钨丝

拉拔是利用塑性变形的特点，在外加拉力作用下，使待拉料通过断面逐渐减小的模孔，从而获得相应形状与尺寸制品的塑性加工方法。拉拔是钨丝生产的最后一道成型工艺，需要经过粗拉、中拉和细拉得到不同尺寸规格的钨丝。由于钨丝的塑性是随着钨丝直径的减小而增加的，因此钨丝的拉拔也需要经过多道次不同程度的变形，道次变形率不宜过大，以免产生断丝或缩丝现象。粗钨丝脆性较大，一般采用直线式或转盘式拉丝，随着钨丝尺寸减小，塑性增大，可改为卷筒式拉丝，这三种方式都是单模拉丝，当钨丝直径减小到一定程度时，就可以采用多模拉丝，如七模、九模和十二模拉丝等，使钨丝连续通过多个模子，连续减小直径。多模拉丝分为直筒式和塔形筒式两种，前者属于匀速拉丝，后者属于增速拉丝，两者的道次压缩率不同。在拉丝过程中，拉丝温度、拉丝速度、加工道次和道次压缩率等工艺参数对钨丝的加工性能和产品质量都有重要影响。多模拉丝所得钨丝就是最后尺寸规格的产品。

第九篇

中国钨资源综合利用、循环经济技术工艺

第一章　共（伴）生钨资源的回收

近年来钨精矿的价格不断攀升这给钨资源的利用带来了困难，但随着选矿工艺技术水平的不断提高，低品位含钨矿物的回收利用成为可能，部分矿山已取得较好的效果。如洛阳豫鹭矿业有限责任公司和栾川钼业集团股份有限公司两个企业在回收伴生在钼矿床中含钨品位为0.6‰的条件下，采用俄罗斯和自有的工艺技术，并研发自动化程度较高的浮选设备，对钨进行回收，其选矿回收率达到60%，现已形成日选矿6万吨，年产钨精矿1万吨的能力。

第二章　钨二次资源回收

第一节　废旧硬质合金回收

一、技术路线

技术路线如下：

（1）将废硬质合金粉碎以产出 WC 与 Co 的合金粉，直接送压型烧结制取硬质合金。对某些基本相同（如同为 YG 类）的硬质合金的废料而言，其中的化学成分及形态与制备该硬质合金的合金粉（如 WC + Co）基本相同，因此将其粉碎后即可直接送往硬质合金生产工序。

为实现上述目的，可直接进行粉碎，但往往由于硬质合金本身的特性而难以粉碎。因此粉碎前需进行某些处理，如用高温处理法、锌熔法等使之疏松化等。

（2）将黏结相钴用化学法或电化学法溶出后，再磨细得到 WC 粉（或 WC + TiC + TaC 等），然后再配入钴粉得到合金粉，送硬质合金生产工序。

（3）将废合金高温氧化得到 $CoWO_4$ 与 WO_3 的混合物，后者视其成分可直接还原碳化后得到 WC + Co 的合金粉。若成分复杂则可经过化学转化得到 APT 及钴化合物。

（4）直接用硝石或芒硝在高温下氧化得到 Na_2WO_4 和钴氧化物后，再按钨的冶金流程生产 APT 及钴化合物，这种方法流程较长，但可处理各种硬质合金废料（包括废金属钨材），同时其产品 APT 适用于所有的钨用户。

有关技术路线及具体方法如表 9-1 所示。

表 9-1 处理废旧硬质合金回收钨钴的技术路线及具体方法

技术路线	具体方法（工艺）	回收的钨产物形态	备注
粉碎后直接返回	直接粉碎	WC + Co 合金粉，直接配钴后返回制硬质合金	原料应预先进行分类及表面清洁处理
	锌熔—磨细		
	高温处理—磨细		
	冷流—粉碎		
	空气氧化—还原—碳化		
去黏结相钴后磨细	化学溶出法去钴—磨细	WC 粉返回制硬质合金	原料应预先进行分类及表面清洁处理
	电化学选择性阳极氧化法去钴—磨细		
制取 APT 和钴化合物	空气氧化得氧化物再按传统工艺处理	$APT \cdot 4H_2O$	原料品种不受限制
	硝石或芒硝氧化得 Na_2WO_4，接传统的 APT 生产工艺	$APT \cdot 4H_2O$	
	电化学阳极全氧化法得 Na_2WO_4 和 H_2WO_4，接传统的 APT 生产工艺	$APT \cdot 4H_2O$	

二、回收工艺技术

（一）锌熔法

锌熔法是当前处理废硬质合金的主要方法之一，其简单原理为硬质合金的黏结相 Co 在 850 ~ 900℃ 温度下能溶于液态锌中，因此当将硬质合金浸入液态锌中时，其黏结相钴将被萃入液锌中，因而整个硬质合金成为松散状态，进一步用真空蒸馏法排出锌，则留下的碳化物（主要为 WC）与钴的混合物疏松易磨，经磨细后得到合金粉，可直接用于硬质合金生产。实践证明，以这种合金粉为原料产出的硬质合金的性能与原牌号合金相近。

锌熔法在密封良好的炉内进行，炉外用电加热，待回收的废旧硬质合金经分类并进行表面清洁处理后，与高纯锌一道装入坩埚，锌与废合金的质量比为（1～1.5）：1。将装料的坩埚放入炉内，抽真空，再在 Ar 或 N_2 的保护下升温，一般锌熔过程要求温度尽可能高，以保证传质过程的速率。但金属锌的沸点为908℃，所以只能将温度控制为900℃，在900℃的条件下保温5～12h后再进行真空蒸馏脱锌。脱锌过程为真空下在900℃保持5h左右，再冷却，磨细后得到合金粉。一般合金粉含 Zn 0.005%～0.01%，O_2 0.1%～0.15%，Fe 0.1%～0.2%，碳损失为0.1%～0.3%，因而合金粉作为原料制备硬质合金时，应进行补碳。

在工业规模下，使用锌熔法每千克合金的电能消耗约为4kW·h，钨回收率为95%左右。

（二）高温处理-细磨法

高温处理-细磨法是处理废硬质合金直接制取 WC + Co 合金粉的有效方法之一，在日本得到广泛使用。其实质是将经分类并进行表面清洁处理后的废合金在高达1800～2300℃

的温度下处理并淬火，则合金体积明显膨胀，内部变成疏松多孔，同时晶粒度明显变粗，从而为其粉碎创造了有利条件。同时，WC 的结晶形态更为完整，也为保证回收后所得的 WC + Co 合金粉的性能提供了有利条件。

一般废合金在上述温度下处理后，经粗碎再球磨 12h 左右，即可得粒度小于 80μm 的 WC + Co 合金粉，可直接将其用于制造与之相同牌号的硬质合金。

实践证明用本工艺回收粉末所制成的产品和传统合金粉所制成的产品质量基本相同。至于高温处理的条件，国内学者的试验结果表明，以 2000℃保温 2h 为宜。

（三）选择性酸溶法

研究表明，在选择性酸溶过程中，当表层的钴溶出后，其内层钴的溶出过程属内扩散控制，即过程的速率取决于物质在部分钴溶出后形成的孔隙中的扩散速率，孔隙越大则钴溶出得越快，而孔隙的大小一方面取决于合金中的含钴量，同时也取决于原始合金的晶粒度，晶粒越细则在钴含量相同的情况下孔隙越小，越不利于钴的溶出。含钴量越高，则钴溶出后形成的孔隙越大。因此选择性酸溶法一般宜于处理含钴量较高（如 YG15 等）、晶粒度比较大的废合金。

此外，减小废合金的粒度（如酸溶前进行预粉碎）、加快两相之间的相对运动速度、处理粉状料时加强搅拌或在研磨设备中进行、处理块状料时用脉冲法使液相不断运动等，都将有利于提高钴的溶出率。

一般用磷酸溶液进行选择性溶出时，WC 的回收率可达 98%，Co 的回收率达 92.4%，每吨合金电耗约为 2000kW·h。

（四）电溶法

在工业条件下废合金块往往装入钛质的转筒或固定的篮筐内。转筒表面钻有许多小孔以便溶液流通，钛转筒和篮筐接阳极，以不锈钢片作阴极。当采用转筒式阳极时，由于在转动过程中阳极内的废合金块互相摩擦，亦可消除钝化膜，相应地防止阳极钝化。电解过程中随着废合金中黏结相的溶出，废合金块变得疏松，因而定期取出磨细，难磨的部分则返回溶出。电解质中 Co^{2+} 浓度随电解时间的延长而增加。当 Co^{2+} 浓度超过 20g/L 时，则在阴极开始析出钴，因此部分钴以金属钴片的形态产出，其他则以 Co^{2+} 形态保存在电解质中，用草酸沉淀法回收。

电化学选择性溶出法的不足之处是难以处理 Co 含量小于 10% 的合金，其原因可能与上述选择性酸溶法相同。

（五）空气（或氧气）氧化法

空气（或氧气）氧化法的实质是利用空气或氧气在高温下将废硬质合金或废钨基合金氧化，有关组分如 WC、TaC、Co 等均转化成相应的氧化物或进而转化为钨酸盐。若处理原料的成分属于特定牌号的合金（如 YG 类硬质合金或高密度钨基合金）的废料，则利用氧化料的易磨特性磨细后再还原或进一步碳化，直接得到合金粉返回制备相应的合金。当处理的原料为多种废合金的混杂物，则氧化料作为钨、钴冶金的原料制备 APT 和钴化合物。

若原料为 W-Fe-Ni 废钨基合金，则氧化后得到的 WO_3 和(Fe,Ni)WO_4 在 900℃左右用 H_2 还原 2h，可得到 W-Fe-Ni 合金粉。

若处理的原料为杂类的废合金，则得到的混合氧化物往往用以制取 APT，其处理流程一般为首先进行 NaOH 浸出，使钨以 Na_2WO_4 形态进入溶液，钴的氧化物以及 Ti、Ta、Nb 的氧化物进入固体残渣，再按传统工艺分别从 Na_2WO_4 溶液制取 APT，从残渣回收钴等有价元素。

空气氧化法的工艺及设备都比较简单，能耗低，环境效益好，同时原料不需先破碎，块状料可直接氧化，其不足之处是氧化过程中对于 YG 类合金能保证足够的氧化速度，但其他硬质合金氧化速度慢，对原料的适应能力受到限制。

（六）硝石氧化法

硝石氧化法的实质是将废硬质合金或废钨材料在 800 ~ 1000℃温度下与熔融硝石作用，则钨被氧化成 Na_2WO_4 进入熔体，得到的熔体含 Na_2WO_4 和 Na_2O 及少量硝石。经水浸后，按传统工艺分别制取 APT 和钴化合物。

硝石氧化法对原料的适用性广，对原料的种类和形态无特殊要求，块状、粉状的废硬质合金或废钨材料都能处理，工艺简单、能耗低，但会产生大量有害气体 NO(NO_2)，有待妥善治理。

第二节 废旧高密度合金的回收

一、氧化-还原法

氧化-还原法回收高密度合金工艺是在高温将合金氧化，将氧化物球磨后用氢气还原，得到含 W、Fe、Ni 的混合料，然后直接用于高密度合金的生产。这种再生工艺简单、经济、可靠，是一种很有前途的生产再生钨基高密度合金的方法。

二、熔浴法

熔浴法主要用来回收大块的高密度合金。采用这种方法回收高密度合金钨的回收率为 90% ~93%。熔浴法可回收大块的、难破碎的高密度合金零件，能根据需要得到不同的物料，可连续生产并且实现工业化应用；但缺点是使用温度极高、能耗巨大，与氧化还原法相比，工艺复杂，回收费用较高，有环境污染问题。

三、湿法冶金法

湿法冶金法是废高密度合金与硝酸钠在高温下反应，合金形成的 WO_3 与硝酸钠的分解产物氧化钠反应生成钨酸钠；用氢氧化钠溶液溶解高温反应产物，滤去 $Fe(OH)_3$ 和 $Co(OH)_2$ 沉淀，得到钨酸钠溶液；然后，再

向溶液中加入 $Al_2(SO_4)_3$，沉淀出某些高密度合金中含有的 Mn、Mg 等元素；再向溶液中加入水和 NH_4OH，用溶剂萃取法分离钨酸铵和 Na_2SO_4；最后，蒸发结晶得到仲钨酸铵（APT）。这种回收方法工艺复杂，容易对环境造成严重的污染。

第三节　废旧钨材的回收

钨材废料一般用于其他钨合金的生产中，如直接作为生产钨铁的原料。常用电解法回收钨材，钨材电解法回收技术是在碱性电解质中电解钨材直接回收钨的工艺方法，这种再生利用钨材的方法本身就有提纯的作用，工艺简单，不污染环境，适合于处理规模较小的场合。

第十篇

钨产品国内外产能产量

第一章　矿产品产能产量

第一节　世界矿产品产能产量

一、产能产量

中国、奥地利、加拿大、玻利维亚、俄罗斯和葡萄牙等是世界上主要的钨矿生产国。值得注意的是，近几年来，非洲的卢旺达、乌干达等国先后发现钨矿资源并开发生产，其产量有逐渐增大的趋势。据《世界金属统计》报道，2010 年，世界钨精矿产能约为 10.5 万吨（金属量，折合 65% WO_3 钨精矿 20.4 万吨），其中中国产能约为 7.5 万吨（金属量，折合 65% WO_3 钨精矿 14.5 万吨）；产量 5.9 万吨（金属量，折合 65% WO_3 钨精矿 11.5 万吨），其中中国 5.1 万吨（金属量，折合 65% WO_3 钨精矿 9.95 万吨），见表 10-1。

表 10-1 世界钨精矿产量（金属量） (t)

国家	2005年	2006年	2007年	2008年	2009年	2010年
中国	37803	41129	41426	43502	49363	51250
俄罗斯	2300	2600	2700	2700	3100	1800
加拿大	565	2612	2700	2795	2501	
奥地利	1280	1153	1117	1122	887	976
葡萄牙	735	740	847	994	832	735
玻利维亚	669	1094	1395	1430	1289	1518
乌兹别克斯坦	300	300	300	300	300	300
吉尔吉斯斯坦	100	100	100	100	100	100
缅甸	88	100	100	100	90	167
卢旺达	557	1436	1673	1700	950	820
乌干达	45	95	108	55	9	10
巴西	577	525	537	540	400	400
秘鲁			461	575	634	716
其他国家及地区	21	7	478	581	9	11
合计	45040	51891	53481	55919	60464	58803

注：1. 数据来源于《世界金属统计》；

2. 中国产量按《中国有色金属工业协会年鉴》数据进行了修正。

二、国外主要国家钨矿山概况

（一）前苏联

钨矿的主要产地是哈萨克斯坦、大高加索和远东地区，矽卡岩型白钨矿多产于前苏联中部，储量很大，是前苏联钨矿产量的主要来源。石英脉型黑钨矿及其产量居次要地位。

前苏联最重要的钨矿山是北高加索的特尔内奥兹钨钼矿，矿石以白钨矿为主，伴生钼、铜等金属。钨矿储量约为5.5万吨，矿石品位 WO_3 为0.2%～0.4%，矿石日采选能力为5000t，年产白钨精矿约4000t，除此之外，前苏联还有7个白钨矿、4个黑钨矿和1个铁钨-白钨矿，均在生产，但规模一般不大。

（二）加拿大

加拿大保有钨矿储量居全球第二，钨矿床主要分布在西北和育空地区交界处。这里是世界著名钨矿（白钨矿）区之一，其中堪通钨矿是国外最大的钨矿山之一，日处理能力为1000t，年产白钨精矿能力达3000t，马克通和洛格通是该区另外两个储量很大的白钨矿矿床，尚未开发。东南部的普莱森特山是加拿大重要的黑钨矿矿山，日采选矿规模2000t，年产黑钨精矿1500t。

（三）美国

美国的较大型钨矿有5个：派恩克里克、斯普林格、斯特劳伯里、埃默森和克莱梅克斯，前4个均为白钨矿。派恩克里克是美国最大的钨矿山，选厂日矿石处理能力1800t，年产白钨矿精矿1100t。

美国还有一种特殊类型的钨矿，即加利福尼亚东南部的瑟尔斯湖盐湖型含钨卤水矿，钨资源量为6.8万吨，含钨56g/t。1978年曾进行过试验性生产，每分钟抽取卤水6800L，经离子交换和蒸发获得含 WO_3 44%的钨精矿，回收率为92.5%。

（四）澳大利亚

澳大利亚的钨矿山主要有：金岛多尔芬及卡拜因山。金岛多尔芬为澳大利亚最重要的钨矿山，由多尔芬和博尔赫德两个地下采区组成，钨储量大（6.58万吨），品位较高（0.64%~0.80%），为白钨矿。昆士兰州的卡拜因山是澳大利亚黑钨矿的重要产地，1987年停产。

第二节　中国矿产品产能产量

中国的钨矿资源开发在世界上占据优势地位，是世界上最大的钨生产国。2010年，中国钨采矿能力为3046万吨/年，钨精矿产能为10.8万吨/年（折合65% WO_3），选矿处理能力为4214万吨/年，钨精矿产能为14.5万吨/年（折合65% WO_3），实际钨精矿产量为9.95万吨/年（折合65% WO_3），见表10-2。

表10-2　中国钨精矿产能产量（折合65% WO_3）　（万吨）

能力/产量	2005年	2006年	2007年	2008年	2009年	2010年
采矿能力	1312	1817	1734	2151	2613	3046
	8.3	8.2	8.4	9.3	10.1	10.8
选矿能力	1342	2461	2472	3193	3605	4214
	11.2	11.7	12.0	12.4	13.6	14.5
产　量	7.3	8	8	8.4	9.5	9.95

注：资料来源于《中国有色金属工业年鉴》。

第二章　冶炼产品产能产量

钨冶炼产品主要有仲钨酸铵（APT）、氧化钨（WO_3）、钨粉（W）和碳化钨粉（WC），主要生产地集中在中国、美国和欧洲地区。2010 年，世界产能分别为 23 万吨、10.7 万吨、9.3 万吨和 6.6 万吨，其中中国产能分别为 19 万吨、7 万吨、6.2 万吨和 3.5 万吨，占世界总产能的比例分别为 82.6%、65.4%、66.7% 和 53%；世界产量分别为 9.5 万吨、8.3 万吨、6.4 万吨和 5.4 万吨，其中中国产量分别为 6.7 万吨、5.5 万吨、3.6 万吨和 2.6 万吨，占世界总产量比例分别为 70.5%、66.3%、56.3% 和 48.1%。

第三章　加工产品产能产量

第一节　硬质合金产能产量

中国硬质合金生产始于 1948 年，晚于欧美等发达国家近 30 年。新中国成立后，历经了 20 世纪 50 年代的起步与发展，80 年代的大引进和大改造，90 年代的消化吸收、自主研发和 21 世纪开始的产业升级 4 个发展阶段，国内硬质合金生产工艺水平和装备水平得到了极大提高，产能、产量与质量也有了很大提高，同时产品类型由原来的单一品种变得丰富多样化。到目前为止，中国硬质合金产业形成了地域分布广、企业众多、产品种类齐全、工艺装备齐全且较先进、产能与产量巨大的格局。2010年产能达到3.6万吨以上，产量达到2.2万吨，约占世界总产量的40%左右，成为世界上重要的硬质合金产业大国（见表10-3）。

表10-3 中国硬质合金产能产量 （万吨）

年 份	2005年	2006年	2007年	2008年	2009年	2010年
产 能	2.84	3.07	3.39	3.50	3.50	3.6
产 量	1.53	1.45	1.65	1.65	1.65	2.2

第二节 钨基高密度合金产能产量

中国钨基高密度合金从20世纪50年代末开始研发，到1965年开发出第一种W-Ni-Cu产品，但规模小，产量低，到90年代之前，年产量仅为100t左右。随着经济的迅速发展和民用高密度合金的兴起，国内对高密度合金的需求大幅度增长。1991～1996年间，中国高密度合金产量达到404t。2003年，14户高密度合金生产企业的产能已经达到2574t，实际产量达到1139t。为满足国内钨基高密度合金日益发展的需要，一批新的高密度合金生产线建成投产，到2006年高密度合金生产企业增加至74家，产量达到2770t，约占全世界高密度合金产量的40%，2009年产量超过3000t（见表10-4）。

表 10-4　中国钨基高密度合金产量　（t）

年　份	2005 年	2006 年	2007 年	2008 年	2009 年
产　量	2038	2770	2800	2900	3100

第三节　钨-铜合金产能产量

中国钨-铜合金的发展始于 20 世纪 60 年代，但发展缓慢，产量较低，到 90 年代，其产量才达到 200t 左右。由于经济的快速发展，用于汽车、电力、电子领域的钨-铜合金和触头的需求量大幅增长，到 2005 年产量已达 660t，2009 年又快速增长到 750t 以上（见表 10-5）。

表 10-5　中国钨-铜合金产量　（t）

年　份	2005 年	2006 年	2007 年	2008 年	2009 年
产　量	660	690	700	730	750

第四节　钨材产能产量

一、钨丝

钨丝材是中国继硬质合金之后的第二大钨制品，其产量占整个钨制品的 25% 以上，20 世纪 90 年代中期以来，中国钨丝加工业发生了质的变化，从主要以增加产量为目的的发展模式向以提高技术水平、深度加工水平和经济效益为目的的发展模式转变，使得中国钨丝加工整体水平呈现新格局。

2010年，细钨丝产能达400亿米，产量达248亿米（见表10-6）。

表10-6 中国钨丝产能产量 （亿米）

年 份	2005年	2006年	2007年	2008年	2009年	2010年
细钨丝产能	296	300	300	400	400	400
细钨丝产量	175	190	212	228	206	248

二、钨棒材

钨棒材的直接应用领域主要是钨电极材料。全世界每年钨电极的总消耗量已达到1600t，市场需求随着经济的发展仍在增长。中国钨电极的年总产量约占全世界钨电极产量的3/4。近10年来中国钨电极的年产量一直稳步增长，而且从2005年起产量出现大幅增长，在2009年达到1200t（见表10-7）。

表10-7 中国钨电极产量 （t）

年 份	2005年	2006年	2007年	2008年	2009年
产 量	655	850	1000	1100	1200

第十一篇

钨品进出口贸易和消费

第一章　世界钨品进出口贸易

第一节　世界钨品进出口贸易格局

长期以来，世界钨产品进出口贸易格局和贸易总量基本稳定。美国、日本和欧洲等国既是钨的主要深加工地区，又是主要消费区域，同时，还是进出口贸易的主要地区，每年进出口大量钨产品（见表11-1、表11-2）。2004～2008年间，全球总进口量从3.77万吨增至4.2万吨，年均增长2.9%，其中美国、欧洲、日本钨产品进口量在此期间变化不大；出口总量从4.1万吨增至4.5万吨，年均增长2.4%，其中，美国、欧洲、日本总的出口量从1.2万吨增至1.5万吨，年均增长5.7%。2009年，由于受全球金融危机冲击，世界贸易总量大幅萎缩，但以美国、欧洲、日本和中国为主的贸易格局未发生根本变化。

中国是全球最大的钨生产国，同时也是全球最多的钨出口国，占全球的比重一直在60%以上，但近几年来已经呈现小幅下降趋势。2004～2008年期间，全球钨出口总量从2004年的4.1万吨，增加到2006年的4.99万吨，之后逐步减少至2008年的4.5万吨，5年间年均增长率仅为2.4%，而中国钨出口量占全球的比重已经从2004年的67.6%，逐步下降至2008年的60.8%。分析其主要原因，一方面是非洲国家提高了钨出口量，另一方面是中国需求量不断增加和强化出口贸易配额管理。2009年，受全球金融危机的影响，中国出口贸易大幅减少，同比下降42%，占世界出口贸易总量的比重进一步下降到58.1%。2010年，中国钨出口又得到恢复性增长，全年出口量为2.6万吨，同比增长66.4%。

表11-1 2004～2009年全球钨进口量(金属量) (t)

国家或地区	2004年	2005年	2006年	2007年	2008年	2009年
中 国	2355	4653	7891	5934	6630	5349
美 国	10550	11150	11990	12930	12700	10000
欧 洲	11644	12001	12620	12194	9500	9400
日 本	8821	10200	10100	8815	8700	8500
其他国家	4300	4580	4600	4500	4482	4400
全球总计	37670	42531	47201	44373	42012	37649

注：数据来源于国际钨协、中国钨协。2009年除中国、美国外，其他为估计值。

表 11-2　2004～2009 年全球钨出口量(金属量)

国家或地区	2004 年	2005 年	2006 年	2007 年	2008 年	2009 年
中国/t	27678	31150	31424	29915	27121	15631
美国/t	3773	5942	6440	6059	5675	2768
欧洲/t	4700	5000	5950	6100	5369	4000
日本/t	3600	3000	3800	3640	3600	2500
其他国家/t	1222	833	1960	1997	2866	2000
全球总计/t	40973	45925	49861	47711	44631	26899
中国占比/%	67.6	67.8	63.0	62.7	60.8	58.1

注：数据来源于国际钨协、中国钨协。2009 年除中国、美国外，其他为估计值。

第二节　中国在世界钨品进出口贸易中的地位

中国钨产品进出口贸易的基本态势和特点是：出口总体保持平稳，原料性产品进口迅速增加。

一、钨原料性产品进口快速增长

中国进口的钨品大部分是原料性产品，加工产品极少。2005～2008 年期间，中国钨矿砂及其精矿和钨废碎料等原料进口出现快速增长，其中钨矿砂及其精矿的进口量从 3135t 增加至 5218t。在此期间，中国钨品进口总量从 4653t 增长至 6630t。2009 年和 2010 年由于受到全球金融危机的影响，进口贸易总量有所减少（见表 11-3）。

表 11-3 2005～2010 年中国进口钨品量(金属量) (t)

钨 品	2005 年	2006 年	2007 年	2008 年	2009 年	2010 年
钨矿砂及其精矿	3134.81	6321.17	4795.08	5217.89	4698.9	3164.74
钨 酸	—	—	—	0.43	—	0.04
三氧化钨	31.6	16.15	1.23	1.11	2.14	26.58
未列名钨的氧化物及氢氧化物	—	—	0.01	0.08	0.05	9.77
仲钨酸铵	4.2	0.2	10.5	65.2	28.04	35.11
钨酸钠	1.89	18.69	0.64	0.06	0.35	0.01
偏钨酸铵	—	—	7.11	6.99	0.26	0.35
其他钨酸盐	—	0.52	0.21	0.26	0.96	1.29
碳化钨	50.76	56.02	26.52	21.37	22.94	43.86
自身或与金属黏结剂混合未烧结金属氧化物	190.8	371.16	249.38	389.94	108.48	320.87
钨 铁	1.52	1.35	184.68	0.86	0.6	31.63
硅钨铁	—	—	—	—	—	0.01
钨 粉	48	76.22	51.3	60.94	38.4	43.71
未锻轧钨①	47	16.77	19.39	6.37	2.84	6.35
钨加工材②	142	102.88	69.38	82.59	82.88	100.60
钨 丝	115	115.12	110.51	112.22	59.41	67.21
钨废碎料	775.2	630.8	337.05	625.19	272.64	263.76
其他钨制品	109.9	163.84	71.31	37.35	30.32	43.77
总 计	4652.68	7890.89	5934.3	6629.85	5349.21	4159.63

注：资料来源于海关总署信息中心。

① 包括简单烧结成的条、杆和废碎料；

② 包括钨条、杆，但简单烧结成的除外；型材及异型材、板、片、带、箔。

2005～2008 年期间，中国钨产品进口额从 0.97 亿美元逐步增长至 1.77 亿美元，其中钨矿砂及其精矿、钨废碎料原料性产品的进口额从 0.44 亿美元增至 1.13 亿美元（见表 11-4）。2009 年和 2010 年受金融危机影响，进口额下降幅度较大。

表 11-4 2005～2010 年中国钨品进口金额（万美元）

钨　品	2005 年	2006 年	2007 年	2008 年	2009 年	2010 年
钨矿砂及其精矿	3914.37	12364.34	9579.32	9465.74	6887.6	4978.01
钨　酸	—	0.09	—	0.29	0.03	0.28
三氧化钨	82.24	69.83	112.77	86.86	45.01	57.63
未列名钨的氧化物及氢氧化物	—	0.62	0.64	1.77	—	22.19
仲钨酸铵	7.33	53.17	0.63	74.76	65.55	77.62
钨酸钠	3.36	1.54	4.63	1.48	3.11	0.1
偏钨酸铵	—	0.08	24.94	25.54	1.22	1.6
其他钨酸盐	—	22.32	13.34	14.93	6.13	16.71
碳化钨	360.44	415.42	161.53	136.80	130.99	222.71
自身或与金属黏结剂混合未烧结金属氧化物	281.77	810.5	1027.52	1829.11	561.25	1602.17
钨　铁	27.31	29.45	277.14	8.63	6.63	47.1
硅钨铁	—	—	—	—	—	2.03
钨　粉	137.65	341.99	280.70	256.27	210.22	277.98

续表 11-4

钨　品	2005 年	2006 年	2007 年	2008 年	2009 年	2010 年
未锻轧钨①	291.57	156.91	187.95	87.76	45.75	96.62
钨加工材②	814.87	928.14	1183.14	1024.99	902.42	1228.46
钨　丝	2099.93	2001.07	2039.55	1938.65	1259.39	1803.33
钨废碎料	457.77	1511.81	771.67	1855.69	580.06	586.99
其他钨制品	1234.29	1467.19	872.63	916.68	776.71	1195.33
总　计	9712.9	20174.47	16538.1	17725.95	11483.11	12216.86

注：资料来源于海关总署信息中心。

① 包括简单烧结成的条、杆和废碎料；

② 包括钨条、杆，但简单烧结成的除外；型材及异型材、板、片、带、箔。

二、主要钨产品出口平稳

中国是世界上主要的钨产品出口国。2005 年以来，中国钨原料性产品出口量整体波动不大，从 2005 年的 2.9 万吨到 2010 年的 2.4 万吨，有所减少。出口的主要品种包括仲钨酸铵、三氧化钨、钨铁、未列名钨的氧化物及氢氧化物、钨粉、碳化钨、自身或与金属黏结剂混合未烧结金属氧化物（混合料）等。加工类产品出口所占比例不大。从 2001 年以后，中国已基本不再出口钨精矿等初级原料（见表 11-5）。2009 年，受金融危机影响，出口贸易量大幅下降到 1.56 万吨，同比下降 42%，2010 年，出口贸易量恢复到 2.6 万吨，同比增长 66.4%。

表 11-5　2005～2010 年中国出口钨品量(金属量)　(t)

钨　品	2005 年	2006 年	2007 年	2008 年	2009 年	2010 年
钨矿砂及其精矿	21.63	0.35	0.02	71.99	255.23	82.53
钨　酸	462.21	416.24	781.14	286.51	78.38	153.82
三氧化钨	4022.68	4568.66	3676.43	3872.16	1590.46	4565.49
未列名钨的氧化物及氢氧化物	5363.31	4628.61	5741.33	3416.56	1833.9	4382.81
仲钨酸铵	5608.4	5389.24	3868.44	3794.39	2569.59	3832.73
钨酸钠	214.20	223.52	157.25	112.58	49.46	83.16
偏钨酸铵	519.57	1023.2	1227.10	897.41	952.72	842.92
其他钨酸盐	0.05	0.05	0.14	—	0.01	
碳化钨	3402.8	3685.9	2759.66	3756.61	1609.65	3985.09
自身或与金属黏结剂混合未烧结金属氧化物	3281.4	2748.32	3212.21	2939.35	2833.91	3578.16
钨　铁	4568.36	4433	5037.52	3674.59	881.6	970.65
硅钨铁	6	31.15	1	—	—	
钨　粉	1629	1905.15	1473.16	1682.68	738.11	1189.07
未锻轧钨①	2	0.3	—	1.95	6	20.27
钨加工材②	910	1389.47	961.91	1772.29	1632.75	1426.05
钨　丝	823	639.26	576.7	527.39	412.8	611.12
其他钨制品	315.59	342.05	440.77	313.99	186.51	275.42
总　计	31150.2	31424.48	29914.76	27120.46	15631.07	26000.29

注：资料来源于海关总署信息中心。

① 包括简单烧结成的条、杆和废碎料；

② 包括钨条、杆，但简单烧结成的除外；型材及异型材、板、片、带、箔。

2005～2008 年期间，中国钨原料性产品出口额从 7.2 亿美元大幅增加至8.07亿美元（见表11-6）。2009年出口额为4.1亿美元，同比下降56%，2010年出口额恢复到8.4亿美元，同比增长1.04倍。

表11-6 2005~2010年中国钨品出口金额（万美元）

钨品	2005年	2006年	2007年	2008年	2009年	2010年
钨矿砂及其精矿	18.11	56.26	—	117.48	252.69	185.98
钨酸	1213.86	1391.35	2572.28	1032.75	209.91	429.98
三氧化钨	9844.97	14765.99	11210.33	11769.16	3804.27	12993.22
未列名钨的氧化物及氢氧化物	13978.03	14798.75	18035.51	10408.76	4245.92	12534.23
仲钨酸铵	13556.61	17641.20	12051.42	11560.23	6212.47	10935.73
钨酸钠	540.68	614.51	454.56	342.92	124.08	224.08
偏钨酸铵	1326.25	3633.51	4326.08	3125.30	2596.5	2665.03
其他钨酸盐	0.26	1.20	0.75	—	0.01	
碳化钨	9737.65	13455.41	10199.83	13914.57	4781.65	13523.27
自身或与金属黏结剂混合未烧结金属氧化物	7252.6	10281.16	11292.66	10640.65	5248.92	12296.69
钨铁	11303.13	13843.53	15357.26	12024.28	2242.36	3171.98
硅钨铁	3.02	14.87	37.42	—	—	
钨粉	3680.66	6612.49	5056.98	5734.00	2208.95	3132.09
未锻轧钨①	12.19	1.89	—	7.44	17.39	67.17
钨加工材②	2512.58	5115.10	6040.04	5819.47	4195.19	5027.95
钨丝	3667.23	4279.82	4040.83	4014.67	2918.83	4558.74
其他钨制品	1599.06	2555.70	3249.88	2476.68	1632.65	1938.96
总计	80246.89	109062.75	103925.82	92988.36	40691.8	84285.10

注：资料来源于海关总署信息中心。

① 包括简单烧结成的条、杆和废碎料；

② 包括钨条、杆，但简单烧结成的除外；型材及异型材、板、片、带、箔。

在中国钨原料性产品出口总量保持平稳的同时，硬质合金出口量出现了较快增长，从2001年的1688t增加至2008年的3925t（见表11-7）。2009年出口3347t，略有减少，2010年又大幅增加到4803t。

表11-7　2001～2010年硬质合金出口情况　（t）

年　份	2001年	2002年	2003年	2004年	2005年
出口量	1688	2049	2142	3150	3171
折合金属钨	1401	1701	1778	2614	2656
年　份	2006年	2007年	2008年	2009年	2010年
出口量	3065	3705	3925	3347	4803
折合金属钨	2625	3150	3258	2778	3986

注：数据来源于《中国钨工业年鉴》。

第二章　世界钨品市场消费需求

第一节　消 费 需 求

近十年来，世界钨消费总量增长比较稳定，总体处于低速增长状态。据国际钨协统计，世界钨消费总量从2000年的4.67万吨增加到2008年的6.31万吨，年均增长率仅为3.8%（见表11-8）。

表 11-8 2000～2009 年全球钨消费量（金属量） （t）

年 份	2000 年	2001 年	2002 年	2003 年	2004 年
欧 洲	12350	17600	8050	15150	11700
日 本	8000	6850	5450	5950	7150
美 国	8950	9700	8300	8850	7400
其他 MEC	4500	4300	4300	6150	6450
中 国	12900	14550	16000	17000	20000
合 计	46700	53000	42100	53100	52700
年 份	2005 年	2006 年	2007 年	2008 年	2009 年
欧 洲	16150	16650	13850	12050	8000
日 本	7950	7900	6850	7750	5500
美 国	8800	10200	8400	9250	7000
其他 MEC	7350	11250	10500	8050	5000
中 国	22300	23500	25000	26000	27500
合 计	62550	69500	64600	63100	53000

注：数据来源于国际钨协、中国钨协，2009 年为估算值。

欧洲、日本和美国是世界主要钨消费地区和国家，长期以来基本处于平稳状态，没有出现大起大落现象。这些国家和地区 2000 年消费总量为 2.93 万吨，到 2008 年减少到 2.9 万吨，不仅没有增加，反而略有减少，其中欧洲 29 个国家的消费总量由 12350t 微降至 12050t，日本的消费量由 8000t 略降至 7750t，只有美国的消费量由 8950t 缓增至 9250t。

中国作为最大的发展中国家，由于 30 余年经济高速发展，其用钨量大幅增加，从1999年开始，一跃成为世界钨消费最多的国家。钨消费量从2000年的1.29万吨增加到2008年的2.6万吨，年均增长率达9.2%。即使是在全球金融危机冲击下的2009年，需求量仍增加到2.75万吨，2010年又进一步增加到近3万吨。

第二节 消费需求结构

钨的主要消费领域是制造领域，虽然各国在不同领域消费的比例不完全一致，但大体是：主要用于硬质合金，其次是特钢产业和制品产业（见表11-9）。

表11-9 2008年主要国家钨消费结构比例 （%）

种 类	欧 洲	日 本	美 国	中 国
硬质合金	72	66	51	53
特钢及合金	9	26	3	32
制 品	8	7	44	13
其 他	11	1	2	2

第十二篇

有关法律法规和产业政策

为了合理开发和保护钨矿产资源，国家和政府出台了一系列有关钨开发利用和贸易方面的法律法规和产业政策。主要有：

（1）将钨列入保护性开采特定矿种。1991 年，国务院发布了 5 号文件，决定将钨、锡、锑、离子型稀土矿产列为国家实行保护性开采的特定矿种，从开采、选冶、加工到市场销售、出口等各个环节，实行有计划的统一管理。

（2）强化行业管理和监督指导：

1）开采审批。1986 年制定、1996 年修订的《矿产资源法》规定：开采国家规定实行保护性开采的特定矿种，应由国务院地质矿产主管部门审批，并颁发采矿许可证；实行有计划的开采，未经国务院有关主管部门批准，任何单位和个人不得开采。

2）国务院批复的全国矿产资源规划（2008 ~ 2015 年）。规划目标：

① 找矿实现重大突破；

② 矿产资源持续供应能力不断增强；

③ 矿产资源合理利用与保护水平明显提高；

④ 矿产资源管理能力与水平明显提高。

主要任务：

① 加强勘查，提高矿产资源保障程度；

② 科学调控，提高重要矿产资源持续供应能力；

③ 统筹协调，优化矿产资源开发利用布局与结构；

④ 立足创新，不断提高矿产资源勘查开发水平；

⑤ 注重保护，大力推进矿山地质环境恢复治理和矿区土地复垦；

⑥ 扩大开放，积极参与国际矿业合作；

⑦ 完善制度，建立规划实施的保障体系。

矿产资源勘查：

① 加强重要矿产资源勘查。以钨等 18 个矿种为重要矿种，合理部署和加强勘查。大力推广应用矿产资源勘查新理论、新技术、新方法，推进矿产资源综合勘查和综合评价，努力实现找矿重大突破。

② 促进矿业资源勘查有序发展。

矿产资源开发利用总量调控：

① 加强重要优势矿产保护和开采管理。依法确定国家规定实行保护性开采的特定矿种，实行有计划勘查和开采。对钨的勘查和开采实行规划调控、限制开采、严格准入和综合利用，严格实行保护性开采特定矿种年度开采总量指标控制，严禁超计划开采和计划外出口。到 2015 年，钨（65% WO_3）开采总量控制在 7.8 万吨左右。

② 实施矿产资源储备。推进建立钨等重点矿种的矿产

资源储备，建立完善矿产资源战略储备的管理机构和运行机制，形成国家重要矿产地与矿产品相结合、政府与企业合理分工的战略储备体系。

同时，规划对矿产资源开发利用布局与结构、矿产资源节约与综合利用、矿山地质环境恢复治理以及规划实施保障措施等方面也做了相应的规定。

3）国家发改委第94号公告《钨行业准入条件》。

① 生产规模。钨冶炼：新建、改扩建项目仲钨酸铵年综合生产能力不得低于5000t，钨粉、碳化钨年综合生产能力不得低于2000t；钨材年综合生产能力不得低于100t；硬质合金年综合生产能力不得低于200t。

② 资源回收利用及能耗。钨冶炼（从钨精矿至仲钨酸铵生产工序）三氧化钨回收率不小于96%（以标准精矿计）；每吨仲钨酸铵综合能耗低于1t标煤；水循环利用率不小于95%。

准入条件除包括以上规定外还在生产企业的设立和布局、环境保护、产品质量、安全生产和职业病防治、劳动保险、监督和管理等方面做了具体规定。

4）国家发改委第9号令《产业结构调整指导目录(2011年本)》。

① 鼓励类。有色金属现有矿山接替资源勘探开发，紧缺资源的深部及难采矿床开采；高效、低耗、低污染、新型冶炼技术开发；高效、节能、低污染再生资源回收与综合利用；铝铜硅钨钼等大规格高纯靶材；高性能纳米硬质合金刀

具和大晶粒硬质合金盾构刀具及深加工产品；矿山生态环境恢复工程；“三废”综合利用及治理工程；重复用水技术应用；高效、低能耗污水处理与再生技术开发；共生、伴生矿产资源中有价元素的分离及综合利用技术；低品位、复杂、难处理矿开发及综合利用；尾矿、废渣等资源综合利用；高效、节能、环保采选矿技术。

② 限制类。新建、扩建钨、钼、锡、锑的开采、冶炼项目。

5）国家发改委、商务部第12号令《外商投资指导目录（2011年修订）》。

① 鼓励类。提高矿山尾矿利用率的新技术开发和应用及矿山生态恢复技术的综合利用；超细（纳米）碳化钨及超细（纳米）晶硬质合金；超硬复合材料；耐高温抗衰钨丝；钨基钼深加工产品。

② 限制类。钨、钼、锡（锡化合物除外）、锑（含氧化锑和硫化锑）等稀有金属冶炼。

③ 禁止类。钨、钼、锡、锑、萤石的勘查、开采。

除此以外，国家和有关部门还在钨产品出口配额、出口经营企业资格、出口供货企业资格、出口退税、进出口关税、加工贸易、钨矿清理整顿、资源整合、设立规划矿区、矿业权转让等方面出台系列规定，形成系统的强化行业管理监督指导体系。

参考文献

[1] 孔昭庆. 新中国钨工业60年[J]. 中国钨业，2010，12：1～3.

[2] 中国有色金属工业总公司. 新中国有色金属钨钼工业[M]. 1987.

[3] 李洪桂，羊建高，李昆. 钨冶金学[M]. 长沙：中南大学出版社，2010.

[4] 裴荣富，钟自然，吴良士. 中国钨矿资源经济评价[M]. 北京：中国科学技术出版社，1993.

[5] 中国钨业协会. 中国钨工业发展现状与对策研究[R]. 北京：中国钨业协会，2010.

[6] 中国有色金属工业协会，中南大学，中国铝业公司. 有色金属进展[M]. 长沙：中南大学出版社，2007.

[7] 中国有色金属工业协会. 中国有色金属工业年鉴[M]. 2005～2011.

[8] 中国钨业协会. 中国钨工业年鉴[M]. 2005～2011.

附 录

附录一　64种有色金属元素

64种有色金属包括：铝、镁、钾、钠、钙、锶、钡、铜、铅、锌、锡、钴、镍、锑、汞、镉、铋、金、银、铂、钌、铑、钯、锇、铱、铍、锂、铷、铯、钛、锆、铪、钒、铌、钽、钨、钼、镓、铟、铊、锗、铼、镧、铈、镨、钕、钐、铕、钆、铽、镝、钬、铒、铥、镱、镥、钇、钪、硅、硼、硒、碲、砷、钍。

有色金属又分为轻金属、重金属、稀有金属、贵金属和其他有色金属。

（1）轻金属：7种，铝、镁、钾、钠、钙、锶、钡（其中钾、钠、钙、锶、钡5种一般为化工系统的产品）。

（2）重金属：10种，铜、铅、锌、镍、钴、锡、锑、铋、镉、汞。

（3）稀有金属：35种，又细分为四类：

1）稀有轻金属4种（在稀有金属中密度最小）：锂、铍、铷、铯。

2）稀有难熔金属8种（在金属中熔点较高）：钨、钼、钽、铌、钛、锆、铪、钒。

3）稀散金属7种（矿体生成极为分散、且多为与其他矿物共生、非经准确的全分析不易发现）：镓、铟、铊、锗、硒、碲、铼（有的分法，将铼分为难熔金属）。

4）稀土金属16种（其氧化物似土，故名）：镧、铈、镨、钕、钐、铕、钆、铽、镝、钬、铒、铥、镱、镥、钇、钪。

（4）贵金属：8种，金、银、钌、铑、钯、锇、铱、铂。

（5）其他有色金属：4种，硅、砷、硼、钍。

附录二　元素周期表

周期	IA	IIA	IIIB	IVB	VB	VIB	VIIB	VIII	VIII	VIII	IB	IIB	IIIA	IVA	VA	VIA	VIIA	
1	1 H 氢 1.0079																	2 He 氦 4.0026
2	3 Li 锂 6.941	4 Be 铍 9.0122											5 B 硼 10.811	6 C 碳 12.011	7 N 氮 14.007	8 O 氧 15.999	9 F 氟 18.998	10 Ne 氖 20.17
3	11 Na 钠 22.9898	12 Mg 镁 24.305											13 Al 铝 26.982	14 Si 硅 28.085	15 P 磷 30.974	16 S 硫 32.06	17 Cl 氯 35.453	18 Ar 氩 39.94
4	19 K 钾 39.098	20 Ca 钙 40.08	21 Sc 钪 44.956	22 Ti 钛 47.9	23 V 钒 50.9415	24 Cr 铬 51.996	25 Mn 锰 54.938	26 Fe 铁 55.84	27 Co 钴 58.9332	28 Ni 镍 58.69	29 Cu 铜 63.54	30 Zn 锌 65.38	31 Ga 镓 69.72	32 Ge 锗 72.59	33 As 砷 74.9216	34 Se 硒 78.9	35 Br 溴 79.904	36 Kr 氪 83.8
5	37 Rb 铷 85.467	38 Sr 锶 87.62	39 Y 钇 88.906	40 Zr 锆 91.22	41 Nb 铌 92.9064	42 Mo 钼 95.94	43 Tc 锝 97.99	44 Ru 钌 101.07	45 Rh 铑 102.906	46 Pd 钯 106.42	47 Ag 银 107.868	48 Cd 镉 112.41	49 In 铟 114.82	50 Sn 锡 118.7	51 Sb 锑 121.7	52 Te 碲 127.6	53 I 碘 126.905	54 Xe 氙 131.3
6	55 Cs 铯 132.905	56 Ba 钡 137.33	57-71 La-Lu 镧系	72 Hf 铪 178.49	73 Ta 钽 180.947	74 W 钨 183.8	75 Re 铼 186.207	76 Os 锇 190.2	77 Ir 铱 192.2	78 Pt 铂 195.08	79 Au 金 196.967	80 Hg 汞 200.5	81 Tl 铊 204.3	82 Pb 铅 207.2	83 Bi 铋 208.98	84 Po 钋 (209)	85 At 砹 (201)	86 Rn 氡 (222)
7	87 Fr 钫 (223)	88 Ra 镭 (226.03)	89-103 Ac-Lr 锕系	104 Rf 𬬻 (261)	105 Db 𬭊 (262)	106 Sg 𬭳 (263)	107 Bh 𬭛 (264)	108 Hs 𬭶 (265)	109 Mt 鿏 (268)	110 Ds 𫟼 (269)	111 Rg 𬬭 (272)	112 Cn 鿔 (277)						

镧系	57 La 镧 138.905	58 Ce 铈 140.12	59 Pr 镨 140.91	60 Nd 钕 144.2	61 Pm 钷 (147)	62 Sm 钐 150.4	63 Eu 铕 151.96	64 Gd 钆 157.25	65 Tb 铽 158.93	66 Dy 镝 162.5	67 Ho 钬 164.93	68 Er 铒 167.2	69 Tm 铥 168.934	70 Yb 镱 173.0	71 Lu 镥 174.96
锕系	89 Ac 锕 (227)	90 Th 钍 232.0381	91 Pa 镤 231.03588	92 U 铀 238.02891	93 Np 镎 (237)	94 Pu 钚 (239.244)	95 Am 镅 (243)	96 Cm 锔 (247)	97 Bk 锫 (247)	98 Cf 锎 (251)	99 Es 锿 (252)	100 Fm 镄 (257)	101 Md 钔 (258)	102 No 锘 (259)	103 Lr 铹 (260)